卞尺丹几乙し丹卞と

Translated Language Learning

The Communist Manifesto

Манифест Коммунистической партии

Karl Marx & Friedrich Engels

English / Русский

Published by Tranzlaty

ISBN: 978-1-83566-176-5

Original text by Karl Marx and Friedrich Engels

The Communist Manifesto

First published in 1848

www.tranzlaty.com

Introduction
Знакомство

A spectre is haunting Europe — the spectre of Communism
Призрак бродит по Европе — призрак коммунизма
All the Powers of old Europe have entered into a holy alliance to exorcise this spectre
Все державы старой Европы вступили в священный союз, чтобы изгнать этот призрак
Pope and Czar, Metternich and Guizot, French Radicals and German police-spies
Папа и царь, Меттерних и Гизо, французские радикалы и немецкие полицейские-шпионы
Where is the party in opposition that has not been decried as Communistic by its opponents in power?
Где та оппозиционная партия, которая не была осуждена своими оппонентами у власти как коммунистическая?
Where is the Opposition that has not hurled back the branding reproach of Communism, against the more advanced opposition parties?
Где та оппозиция, которая не отбросила бы клеймо коммунизма в адрес более передовых оппозиционных партий?
And where is the party that has not made the accusation against its reactionary adversaries?
И где та партия, которая не выдвинула обвинения против своих реакционных противников?
Two things result from this fact
Из этого факта вытекают две вещи
I. Communism is already acknowledged by all European Powers to be itself a Power
I. Коммунизм уже признан всеми европейскими державами в качестве державы
II. It is high time that Communists should openly, in the face of the whole world, publish their views, aims and tendencies

II. Коммунистам давно пора открыто, перед лицом всего мира, обнародовать свои взгляды, цели и тенденции

they must meet this nursery tale of the Spectre of Communism with a Manifesto of the party itself

они должны встретить эту детскую сказку о призраке коммунизма манифестом самой партии

To this end, Communists of various nationalities have assembled in London and sketched the following Manifesto

С этой целью коммунисты разных национальностей собрались в Лондоне и набросали следующий манифест

this manifesto is to be published in the English, French, German, Italian, Flemish and Danish languages

Этот манифест должен быть опубликован на английском, французском, немецком, итальянском, фламандском и датском языках

And now it is to be published in all the languages that Tranzlaty offers

И теперь она будет издана на всех языках, которые предлагает Tranzlaty

Bourgeois and the Proletarians
Буржуа и пролетарии

The history of all hitherto existing societies is the history of class struggles

История всех существовавших до сих пор обществ есть история классовой борьбы

Freeman and slave, patrician and plebeian, lord and serf, guild-master and journeyman

Свободный человек и раб, патриций и плебей, господин и крепостной, мастер гильдии и подмастерье

in a word, oppressor and oppressed

Одним словом, угнетатель и угнетенный

these social classes stood in constant opposition to one another

Эти социальные классы находились в постоянном противостоянии друг с другом

they carried on an uninterrupted fight. Now hidden, now open

Они вели непрерывную борьбу. То скрытый, то открытый

a fight that either ended in a revolutionary re-constitution of society at large

борьба, которая закончилась революционным переустройством общества в целом

or a fight that ended in the common ruin of the contending classes

или борьба, закончившаяся общим разорением борющихся классов

let us look back to the earlier epochs of history

Обратимся к более ранним эпохам истории

we find almost everywhere a complicated arrangement of society into various orders

Почти всюду мы находим сложное устройство общества на различные порядки

there has always been a manifold gradation of social rank

Всегда существовала многообразная градация социального

ранга

In ancient Rome we have patricians, knights, plebeians, slaves

В Древнем Риме были патриции, рыцари, плебеи, рабы

in the Middle Ages: feudal lords, vassals, guild-masters, journeymen, apprentices, serfs

в средние века: феодалы, вассалы, цеховые мастера, подмастерья, подмастерья, крепостные

in almost all of these classes, again, subordinate gradations

почти во всех этих классах, опять же, подчиненные градации

The modern Bourgeoisie society has sprouted from the ruins of feudal society

Современное буржуазное общество выросло из руин феодального общества

but this new social order has not done away with class antagonisms

Но этот новый общественный строй не устранил классовых антагонизмов

It has but established new classes and new conditions of oppression

Она лишь создала новые классы и новые условия угнетения

it has established new forms of struggle in place of the old ones

Она установила новые формы борьбы взамен старых

however, the epoch we find ourselves in possesses one distinctive feature

Однако эпоха, в которой мы находимся, имеет одну отличительную черту

the epoch of the Bourgeoisie has simplified the class antagonisms

эпоха буржуазии упростила классовые антагонизмы

Society as a whole is more and more splitting up into two great hostile camps

Общество в целом все больше и больше раскалывается на

два больших враждебных лагеря
two great social classes directly facing each other:
Bourgeoisie and Proletariat
два больших социальных класса, непосредственно
противостоящих друг другу: буржуазия и пролетариат
From the serfs of the Middle Ages sprang the chartered
burghers of the earliest towns
Из крепостных крестьян Средневековья произошли
зафрахтованные бюргеры самых ранних городов
From these burgesses the first elements of the Bourgeoisie
were developed
Из этих горожан развились первые элементы буржуазии
The discovery of America and the rounding of the Cape
Открытие Америки и огибание мыса
these events opened up fresh ground for the rising
Bourgeoisie
Эти события открыли новую почву для поднимающейся
буржуазии
The East-Indian and Chinese markets, the colonisation of
America, trade with the colonies
Рынки Ост-Индии и Китая, колонизация Америки,
торговля с колониями
the increase in the means of exchange and in commodities
generally
Увеличение средств обмена и вообще товаров
these events gave to commerce, navigation, and industry an
impulse never before known
Эти события придали торговле, мореплаванию и
промышленности невиданный ранее импульс
it gave rapid development to the revolutionary element in
the tottering feudal society
Она дала быстрое развитие революционному элементу
шатающегося феодального общества
closed guilds had monopolised the feudal system of
industrial production
Закрытые гильдии монополизировали феодальную

систему промышленного производства

but this no longer sufficed for the growing wants of the new markets

Но этого уже было недостаточно для удовлетворения растущих потребностей новых рынков

The manufacturing system took the place of the feudal system of industry

Мануфактурная система заняла место феодальной системы промышленности

The guild-masters were pushed on one side by the manufacturing middle class

Цеховых мастеров оттеснил в сторону промышленный средний класс

division of labour between the different corporate guilds vanished

Разделение труда между различными корпоративными гильдиями исчезло

the division of labour penetrated each single workshop

Разделение труда проникло в каждую мастерскую

Meantime, the markets kept ever growing, and the demand ever rising

Между тем, рынки продолжали расти, а спрос постоянно расти

Even factories no longer sufficed to meet the demands

Даже заводов уже не хватало для удовлетворения потребностей

Thereupon, steam and machinery revolutionised industrial production

После этого пар и машины произвели революцию в промышленном производстве

The place of manufacture was taken by the giant, Modern Industry

Место производства занял гигант «Современная индустрия»

the place of the industrial middle class was taken by industrial millionaires

Место промышленного среднего класса заняли
промышленные миллионеры

the place of leaders of whole industrial armies were taken
by the modern Bourgeoisie

место вождей целых промышленных армий заняла
современная буржуазия

the discovery of America paved the way for modern industry
to establish the world market

Открытие Америки проложило путь современной
промышленности к установлению мирового рынка

This market gave an immense development to commerce,
navigation, and communication by land

Этот рынок дал огромное развитие торговле,
мореплаванию и сухопутным коммуникациям

This development has, in its time, reacted on the extension
of industry

В свое время это развитие отразилось на расширении
промышленности

it reacted in proportion to how industry extended, and how
commerce, navigation and railways extended

Она реагировала пропорционально тому, как
расширялась промышленность, как развивались торговля,
мореплавание и железные дороги

in the same proportion that the Bourgeoisie developed, they
increased their capital

в той же пропорции, в какой развивалась буржуазия, она
увеличивала свой капитал

and the Bourgeoisie pushed into the background every class
handed down from the Middle Ages

и буржуазия оттеснила на задний план все классы,
унаследованные от средневековья

therefore the modern Bourgeoisie is itself the product of a
long course of development

Таким образом, современная буржуазия сама является
продуктом длительного развития

we see it is a series of revolutions in the modes of

production and of exchange

Мы видим, что это ряд революций в способах производства и обмена

Each developmental Bourgeoisie step was accompanied by a corresponding political advance

Каждый шаг буржуазии в развитии сопровождался соответствующим политическим продвижением

An oppressed class under the sway of the feudal nobility

Угнетенный класс под властью феодальной знати

an armed and self-governing association in the mediaeval commune

Вооруженное и самоуправляющееся объединение в средневековой коммуне

here, an independent urban republic (as in Italy and Germany)

здесь независимая городская республика (как в Италии и Германии)

there, a taxable "third estate" of the monarchy (as in France)

там налогооблагаемое "третье сословие" монархии (как во Франции)

afterwards, in the period of manufacture proper

впоследствии, в период собственно изготовления

the Bourgeoisie served either the semi-feudal or the absolute monarchy

Буржуазия служила либо полуфеодальной, либо абсолютной монархии

or the Bourgeoisie acted as a counterpoise against the nobility

или буржуазия выступала в качестве противовеса дворянству

and, in fact, the Bourgeoisie was a corner-stone of the great monarchies in general

и действительно, буржуазия была краеугольным камнем великих монархий вообще

but Modern Industry and the world-market established itself since then

но с тех пор современная промышленность и мировой рынок утвердились

and the Bourgeoisie has conquered for itself exclusive political sway

и буржуазия завоевала для себя исключительное политическое господство

it achieved this political sway through the modern representative State

Она добилась такого политического влияния через современное представительное государство

The executives of the modern State are but a management committee

Исполнительная власть современного государства – это всего лишь руководящий комитет

and they manage the common affairs of the whole of the Bourgeoisie

и они управляют общими делами всей буржуазии

The Bourgeoisie, historically, has played a most revolutionary part

Буржуазия исторически играла самую революционную роль

wherever it got the upper hand, it put an end to all feudal, patriarchal, and idyllic relations

Всюду, где она одерживала верх, она прекращала все феодальные, патриархальные и идиллические отношения

It has pitilessly torn asunder the motley feudal ties that bound man to his "natural superiors"

Она безжалостно разорвала пестрые феодальные узы, связывавшие человека с его «естественными высшими»

and it has left remaining no nexus between man and man, other than naked self-interest

И она не оставила никакой связи между людьми, кроме голого эгоизма

man's relations with one another have become nothing more than callous "cash payment"

Отношения людей друг с другом стали не более чем

бездушной «денежной платой»

It has drowned the most heavenly ecstasies of religious fervour

Она заглушила самые небесные экстазы религиозного пыла

it has drowned chivalrous enthusiasm and philistine sentimentalism

Она утопила рыцарский энтузиазм и филистерский сентиментализм

it has drowned these things in the icy water of egotistical calculation

Она утопила все это в ледяной воде эгоистического расчета

It has resolved personal worth into exchangeable value

Она превратила личную ценность в обмениваемую ценность

it has replaced the numberless and indefeasible chartered freedoms

Она пришла на смену бесчисленным и неотъемлемым хартиям свобод

and it has set up a single, unconscionable freedom; Free Trade

и она установила единственную, бессовестную свободу; Свободная торговля

In one word, it has done this for exploitation

Одним словом, она сделала это для эксплуатации

exploitation veiled by religious and political illusions

эксплуатация, завуалированная религиозными и политическими иллюзиями

exploitation veiled by naked, shameless, direct, brutal exploitation

эксплуатация, завуалированная голой, бесстыдной, прямой, жестокой эксплуатацией

the Bourgeoisie has stripped the halo off every previously honoured and revered occupation

буржуазия сорвала ореол со всех ранее почитаемых и

the physician, the lawyer, the priest, the poet, and the man of science

Врач, юрист, священник, поэт и ученый

it has converted these distinguished workers into its paid wage labourers

Она превратила этих выдающихся рабочих в своих наемных рабочих

The Bourgeoisie has torn the sentimental veil away from the family

Буржуазия сорвала сентиментальную завесу с семьи

and it has reduced the family relation to a mere money relation

И это свело семейные отношения к чисто денежным отношениям

the brutal display of vigour in the Middle Ages which Reactionists so much admire

жестокое проявление энергии в средние века, которым так восхищаются реакционеры

even this found its fitting complement in the most slothful indolence

Но даже это нашло свое достойное дополнение в самой ленивой ленивой праздности

The Bourgeoisie has disclosed how all this came to pass

Буржуазия раскрыла, как все это происходило

The Bourgeoisie have been the first to show what man's activity can bring about

Буржуазия была первой, кто показал, к чему может привести деятельность человека

It has accomplished wonders far surpassing Egyptian pyramids, Roman aqueducts, and Gothic cathedrals

Он совершил чудеса, намного превосходящие египетские пирамиды, римские акведуки и готические соборы

and it has conducted expeditions that put in the shade all former Exoduses of nations and crusades

и он проводил экспедиции, которые затмили все прежние

Исходы народов и крестовые походы

The Bourgeoisie cannot exist without constantly revolutionising the instruments of production

Буржуазия не может существовать без постоянной революции орудий производства

and thereby it cannot exist without its relations to production

и, следовательно, он не может существовать без своих отношений к производству

and therefore it cannot exist without its relations to society

И поэтому она не может существовать без своих отношений с обществом

all earlier industrial classes had one condition in common

Все более ранние индустриальные классы имели одно общее условие

they relied on the conservation of the old modes of production

Они полагались на консервацию старых способов производства

but the Bourgeoisie brought with it a completely new dynamic

но буржуазия принесла с собой совершенно новую динамику

Constant revolutionizing of production and uninterrupted disturbance of all social conditions

Постоянная революция в производстве и непрерывное нарушение всех социальных условий

this everlasting uncertainty and agitation distinguishes the Bourgeoisie epoch from all earlier ones

эта вечная неопределенность и волнение отличает эпоху буржуазии от всех предшествующих эпох

previous relations with production came with ancient and venerable prejudices and opinions

Прежние отношения с производством были связаны с древними и почтенными предрассудками и мнениями

but all of these fixed, fast-frozen relations are swept away

Но все эти фиксированные, быстро застывшие отношения сметаются

all new-formed relations become antiquated before they can ossify

Все новообразованные отношения устаревают, не успев закостенеть

All that is solid melts into air, and all that is holy is profaned

Все твердое растворяется в воздухе, и все святое оскверняется

man is at last compelled to face with sober senses, his real conditions of life

В конце концов человек вынужден трезво взглянуть в лицо своим реальным условиям жизни

and he is compelled to face his relations with his kind

и он вынужден смотреть в лицо своим отношениям с себе подобными

The Bourgeoisie constantly needs to expand its markets for its products

Буржуазия постоянно нуждается в расширении рынков сбыта своей продукции

and, because of this, the Bourgeoisie is chased over the whole surface of the globe

и из-за этого буржуазию гонят по всей поверхности земного шара

The Bourgeoisie must nestle everywhere, settle everywhere, establish connections everywhere

Буржуазия должна всюду гнездиться, всюду селиться, везде устанавливать связи

The Bourgeoisie must create markets in every corner of the world to exploit

Буржуазия должна создавать рынки во всех уголках мира для эксплуатации

the production and consumption in every country has been given a cosmopolitan character

Производство и потребление в каждой стране приобрели космополитический характер

the chagrin of Reactionists is palpable, but it has carried on regardless

Огорчение реакционеров ощутимо, но оно продолжается, несмотря на все

The Bourgeoisie have drawn from under the feet of industry the national ground on which it stood

Буржуазия вытащила из-под ног промышленности ту национальную почву, на которой она стояла

all old-established national industries have been destroyed, or are daily being destroyed

Все старые национальные отрасли промышленности разрушены или разрушаются ежедневно

all old-established national industries are dislodged by new industries

Все старые национальные отрасли вытесняются новыми отраслями промышленности

their introduction becomes a life and death question for all civilised nations

Их введение становится вопросом жизни и смерти для всех цивилизованных народов

they are dislodged by industries that no longer work up indigenous raw material

Их вытесняют отрасли, которые больше не перерабатывают местное сырье

instead, these industries pull raw materials from the remotest zones

Вместо этого эти отрасли добывают сырье из самых отдаленных зон

industries whose products are consumed, not only at home, but in every quarter of the globe

отрасли, продукция которых потребляется не только у себя дома, но и во всех уголках земного шара

In place of the old wants, satisfied by the productions of the country, we find new wants

На смену прежним потребностям, удовлетворяемым произведениями страны, мы приходим новые

потребности
these new wants require for their satisfaction the products of distant lands and climes
Эти новые потребности требуют для своего удовлетворения продуктов дальних стран и климатов
In place of the old local and national seclusion and self-sufficiency, we have trade
Вместо прежней местной и национальной замкнутости и самодостаточности мы имеем торговлю
international exchange in every direction; universal inter-dependence of nations
международный обмен во всех направлениях; Всеобщая взаимозависимость наций
and just as we have dependency on materials, so we are dependent on intellectual production
И точно так же, как мы зависим от материалов, мы зависим от интеллектуального производства
The intellectual creations of individual nations become common property
Интеллектуальные творения отдельных народов становятся общим достоянием
National one-sidedness and narrow-mindedness become more and more impossible
Национальная односторонность и ограниченность становятся все более невозможными
and from the numerous national and local literatures, there arises a world literature
А из многочисленных национальных и местных литератур возникает мировая литература
by the rapid improvement of all instruments of production
быстрым совершенствованием всех орудий производства
by the immensely facilitated means of communication
с помощью чрезвычайно облегченных средств связи
The Bourgeoisie draws all (even the most barbarian nations) into civilisation
Буржуазия вовлекает в цивилизацию всех (даже самые

варварские народы)

The cheap prices of its commodities; the heavy artillery that batters down all Chinese walls

Дешевые цены на его товары; тяжелая артиллерия, которая сокрушает все китайские стены

the barbarians' intensely obstinate hatred of foreigners is forced to capitulate

Упорная ненависть варваров к чужеземцам вынуждена капитулировать

It compels all nations, on pain of extinction, to adopt the Bourgeoisie mode of production

Она вынуждает все нации под страхом исчезновения перейти к буржуазному способу производства

it compels them to introduce what it calls civilisation into their midst

Она вынуждает их ввести в свою среду то, что она называет цивилизацией

The Bourgeoisie force the barbarians to become Bourgeoisie themselves

Буржуазия заставляет варваров самим стать буржуазией

in a word, the Bourgeoisie creates a world after its own image

одним словом, буржуазия создает мир по своему образу и подобию

The Bourgeoisie has subjected the countryside to the rule of the towns

Буржуазия подчинила деревню господству городов

It has created enormous cities and greatly increased the urban population

Она создала огромные города и значительно увеличила городское население

it rescued a considerable part of the population from the idiocy of rural life

Она спасла значительную часть населения от идиотизма сельской жизни

but it has made those in the the countryside dependent on

the towns

Но это сделало тех, кто жил в сельской местности, зависимыми от городов

and likewise, it has made the barbarian countries dependent on the civilised ones

Точно так же она поставила варварские страны в зависимость от цивилизованных

nations of peasants on nations of Bourgeoisie, the East on the West

нации крестьян на нации буржуазии, Восток на Запад

The Bourgeoisie does away with the scattered state of the population more and more

Буржуазия все больше и больше уничтожает раздробленность населения

It has agglomerated production, and has concentrated property in a few hands

Она имеет агломерированное производство и концентрирует собственность в немногих руках

The necessary consequence of this was political centralisation

Неизбежным следствием этого стала политическая централизация

there had been independent nations and loosely connected provinces

Существовали независимые государства и слабо связанные между собой провинции

they had separate interests, laws, governments and systems of taxation

У них были свои интересы, законы, правительства и системы налогообложения

but they have become lumped together into one nation, with one government

Но они слились в одну нацию, с одним правительством

they now have one national class-interest, one frontier and one customs-tariff

Теперь у них один национальный классовый интерес, одна

граница и один таможенный тариф

and this national class-interest is unified under one code of law

И этот национальный классовый интерес объединен в одном своде законов

the Bourgeoisie has achieved much during its rule of scarce one hundred years

Буржуазия многого добилась за время своего правления, которое длилось всего сто лет

more massive and colossal productive forces than have all preceding generations together

более массивных и колоссальных производительных сил, чем у всех предшествующих поколений вместе взятых

Nature's forces are subjugated to the will of man and his machinery

Силы природы подчинены воле человека и его механизмов

chemistry is applied to all forms of industry and types of agriculture

Химия применяется во всех формах промышленности и видах сельского хозяйства

steam-navigation, railways, electric telegraphs, and the printing press

пароходство, железные дороги, электрический телеграф и печатный станок

clearing of whole continents for cultivation, canalisation of rivers

расчистка целых континентов для возделывания, канализация рек

whole populations have been conjured out of the ground and put to work

Целые народы были вызваны из земли и принуждены к работе

what earlier century had even a presentiment of what could be unleashed?

Какое предыдущее столетие имело хотя бы предчувствие

того, что может быть выпущено на свободу?

who predicted that such productive forces slumbered in the lap of social labour?

Кто предсказал, что такие производительные силы дремлют на лоне общественного труда?

we see then that the means of production and of exchange were generated in feudal society

Итак, мы видим, что средства производства и обмена были созданы в феодальном обществе

the means of production on whose foundation the Bourgeoisie built itself up

средства производства, на фундаменте которых строилась буржуазия

At a certain stage in the development of these means of production and of exchange

На определенном этапе развития этих средств производства и обмена

the conditions under which feudal society produced and exchanged

условия, в которых феодальное общество производило и обменивало

the feudal organisation of agriculture and manufacturing industry

феодальная организация сельского хозяйства и обрабатывающей промышленности

the feudal relations of property were no longer compatible with the material conditions

Феодальные отношения собственности уже не соответствовали материальным условиям

They had to be burst asunder, so they were burst asunder

Они должны были быть разорваны на части, поэтому они были разорваны на части

Into their place stepped free competition from the productive forces

На их место пришла свободная конкуренция со стороны производительных сил

and they were accompanied by a social and political constitution adapted to it

И они сопровождались приспособленной к нему социальной и политической конституцией

and it was accompanied by the economical and political sway of the Bourgeoisie class

и это сопровождалось экономическим и политическим господством класса буржуазии

A similar movement is going on before our own eyes

Подобное движение происходит на наших глазах

Modern Bourgeoisie society with its relations of production, and of exchange, and of property

Современное буржуазное общество с его производственными отношениями, отношениями обмена и собственности

a society that has conjured up such gigantic means of production and of exchange

общество, которое создало такие гигантские средства производства и обмена

it is like the sorcerer who called up the powers of the nether world

Это похоже на колдуна, который призвал силы нижнего мира

but he is no longer able to control what he has brought into the world

Но он больше не в состоянии контролировать то, что принес в мир

For many a decade past history was tied together by a common thread

На протяжении многих десятилетий прошлые истории были связаны общей нитью

the history of industry and commerce has been but the history of revolts

История промышленности и торговли была не чем иным, как историей восстаний

the revolts of modern productive forces against modern

conditions of production

Восстания современных производительных сил против современных условий производства

the revolts of modern productive forces against property relations

Восстания современных производительных сил против отношений собственности

these property relations are the conditions for the existence of the Bourgeoisie

эти отношения собственности являются условиями существования буржуазии

and the existence of the Bourgeoisie determines the rules for property relations

а существование буржуазии определяет правила отношений собственности

it is enough to mention the periodical return of commercial crises

Достаточно упомянуть о периодическом возвращении торговых кризисов

each commercial crisis is more threatening to Bourgeoisie society than the last

Каждый торговый кризис угрожает буржуазному обществу больше, чем предыдущий.

In these crises a great part of the existing products are destroyed

В этих кризисах уничтожается большая часть существующих продуктов

but these crises also destroy the previously created productive forces

Но эти кризисы разрушают и ранее созданные производительные силы

in all earlier epochs these epidemics would have seemed an absurdity

Во все прежние эпохи эти эпидемии казались бы абсурдом

because these epidemics are the commercial crises of overproduction

Потому что эти эпидемии являются коммерческими кризисами перепроизводства

Society suddenly finds itself put back into a state of momentary barbarism

Общество внезапно оказывается вновь ввергнутым в состояние сиюминутного варварства

as if a universal war of devastation had cut off every means of subsistence

как если бы всеобщая война на опустошение отрезала все средства к существованию

industry and commerce seem to have been destroyed; and why?

промышленность и торговля, по-видимому, были разрушены; А почему?

Because there is too much civilisation and means of subsistence

Потому что там слишком много цивилизации и средств к существованию

and because there is too much industry, and too much commerce

и потому, что здесь слишком много промышленности и слишком много торговли

The productive forces at the disposal of society no longer develop Bourgeoisie property

Производительные силы, находящиеся в распоряжении общества, больше не развивают буржуазную собственность

on the contrary, they have become too powerful for these conditions, by which they are fettered

напротив, они стали слишком сильными для тех условий, которыми они скованы

as soon as they overcome these fetters, they bring disorder into the whole of Bourgeoisie society

как только они преодолевают эти оковы, они вносят беспорядок во все буржуазное общество

and the productive forces endanger the existence of Bourgeoisie property

производительные силы ставят под угрозу существование буржуазной собственности

The conditions of Bourgeoisie society are too narrow to comprise the wealth created by them

Условия буржуазного общества слишком узки, чтобы вместить в себя созданное ими богатство

And how does the Bourgeoisie get over these crises?

И как буржуазия преодолевает эти кризисы?

On the one hand, it overcomes these crises by the enforced destruction of a mass of productive forces

С одной стороны, она преодолевает эти кризисы насильственным уничтожением массы производительных сил

on the other hand, it overcomes these crises by the conquest of new markets

С другой стороны, она преодолевает эти кризисы путем завоевания новых рынков

and it overcomes these crises by the more thorough exploitation of the old forces of production

И эти кризисы она преодолевает путем более тщательной эксплуатации старых производительных сил

That is to say, by paving the way for more extensive and more destructive crises

Иными словами, прокладывая путь к более обширным и более разрушительным кризисам

it overcomes the crisis by diminishing the means whereby crises are prevented

Она преодолевает кризис, уменьшая средства, с помощью которых кризисы предотвращаются

The weapons with which the Bourgeoisie felled feudalism to the ground are now turned against itself

Оружие, которым буржуазия повергла феодализм в землю, теперь обращено против нее самой

But not only has the Bourgeoisie forged the weapons that

bring death to itself

Но не только буржуазия выковала оружие, несущее ей смерть

it has also called into existence the men who are to wield those weapons

Она также вызвала к жизни людей, которые должны владеть этим оружием

and these men are the modern working class; they are the proletarians

И эти люди и есть современный рабочий класс; Это пролетарии

In proportion as the Bourgeoisie is developed, in the same proportion is the Proletariat developed

По мере развития буржуазии развивается и пролетариат

the modern working class developed a class of labourers

Современный рабочий класс развил класс рабочих

this class of labourers live only so long as they find work

Этот класс рабочих живет лишь до тех пор, пока они находят работу

and they find work only so long as their labour increases capital

И они находят работу лишь до тех пор, пока их труд увеличивает капитал

These labourers, who must sell themselves piece-meal, are a commodity

Эти рабочие, которые должны продавать себя по частям, являются товаром

these labourers are like every other article of commerce

Эти рабочие подобны всякому другому предмету торговли

and they are consequently exposed to all the vicissitudes of competition

и, следовательно, они подвержены всем превратностям конкуренции

they have to weather all the fluctuations of the market

Они должны выдержать все колебания рынка

Owing to the extensive use of machinery and to division of

labour

Благодаря широкому применению машин и разделению труда

the work of the proletarians has lost all individual character

Работа пролетариев утратила всякий индивидуальный характер

and consequently, the work of the proletarians has lost all charm for the workman

Следовательно, труд пролетариев утратил всякую прелесть для рабочего

He becomes an appendage of the machine, rather than the man he once was

Он становится придатком машины, а не человеком, которым он когда-то был

only the most simple, monotonous, and most easily acquired knack is required of him

От него требуется только самая простая, однообразная и самая легко приобретаемая сноровка

Hence, the cost of production of a workman is restricted

Следовательно, издержки производства рабочего ограничены

it is restricted almost entirely to the means of subsistence that he requires for his maintenance

оно почти целиком ограничивается теми жизненными средствами, которые необходимы ему для его содержания

and it is restricted to the means of subsistence that he requires for the propagation of his race

и оно ограничивается средствами существования, которые необходимы ему для продолжения рода

But the price of a commodity, and therefore also of labour, is equal to its cost of production

Но цена товара, а следовательно, и труда равна издержкам его производства

In proportion, therefore, as the repulsiveness of the work increases, the wage decreases

Следовательно, по мере того, как возрастает отвращение к

труду, уменьшается и заработная плата

Nay, the repulsiveness of his work increases at an even greater rate

Более того, отвратительность его работы возрастает с еще большей скоростью

as the use of machinery and division of labour increases, so does the burden of toil

По мере роста использования машин и разделения труда возрастает и бремя тяжелого труда

the burden of toil is increased by prolongation of the working hours

Тяжесть тяжелого труда увеличивается за счет удлинения рабочего дня

more is expected of the labourer in the same time as before

В то же время, как и раньше, от рабочего ожидается больше, чем раньше

and of course the burden of the toil is increased by the speed of the machinery

И, конечно же, тяжесть труда увеличивается из-за скорости машин

Modern industry has converted the little workshop of the patriarchal master into the great factory of the industrial capitalist

Современная промышленность превратила маленькую мастерскую патриархального хозяина в большую фабрику промышленного капиталиста

Masses of labourers, crowded into the factory, are organised like soldiers

Массы рабочих, скученные на фабрике, организованы, как солдаты

As privates of the industrial army they are placed under the command of a perfect hierarchy of officers and sergeants

Как рядовые промышленной армии, они подчиняются совершенной иерархии офицеров и сержантов

they are not only the slaves of the Bourgeoisie class and State

они не только рабы класса буржуазии и государства
but they are also daily and hourly enslaved by the machine
Но они также ежедневно и ежечасно порабощаются машиной
they are enslaved by the over-looker, and, above all, by the individual Bourgeoisie manufacturer himself
они порабощены надсмотрщиком и, прежде всего, самим буржуазным фабрикантом
The more openly this despotism proclaims gain to be its end and aim, the more petty, the more hateful and the more embittering it is
Чем более открыто этот деспотизм провозглашает выгоду своей целью и целью, тем он мелочнее, тем ненавистнее и ожесточенее
the more modern industry becomes developed, the lesser are the differences between the sexes
Чем более развитой становится современная промышленность, тем меньше различия между полами
The less the skill and exertion of strength implied in manual labour, the more is the labour of men superseded by that of women
Чем меньше мастерства и напряжения сил подразумевается в ручном труде, тем больше труд мужчин вытесняется трудом женщин
Differences of age and sex no longer have any distinctive social validity for the working class
Возрастные и половые различия больше не имеют какой-либо отличительной социальной значимости для рабочего класса
All are instruments of labour, more or less expensive to use, according to their age and sex
Все они являются орудиями труда, более или менее дорогими в использовании, в зависимости от их возраста и пола
as soon as the labourer receives his wages in cash, than he is set upon by the other portions of the Bourgeoisie

Как только рабочий получает свою заработную плату
наличными, на него нападают другие части буржуазии

the landlord, the shopkeeper, the pawnbroker, etc

Арендодатель, лавочник, ростовщик и т.д

**The lower strata of the middle class; the small trades people
and shopkeepers**

Низшие слои среднего класса; мелкие торговцы и
лавочники

**the retired tradesmen generally, and the handicraftsmen and
peasants**

вообще отставные торговцы, а также ремесленники и
крестьяне

all these sink gradually into the Proletariat

все это постепенно погружается в пролетариат

**partly because their diminutive capital does not suffice for
the scale on which Modern Industry is carried on**

отчасти потому, что их крошечный капитал недостаточен
для тех масштабов, в которых развивается современная
промышленность

**and because it is swamped in the competition with the large
capitalists**

и потому, что она погрязла в конкуренции с крупными
капиталистами

**partly because their specialized skill is rendered worthless
by the new methods of production**

Отчасти потому, что их специализированное мастерство
становится бесполезным из-за новых методов
производства

**Thus the Proletariat is recruited from all classes of the
population**

Таким образом, пролетариат рекрутируется из всех
классов населения

The Proletariat goes through various stages of development

Пролетариат проходит различные ступени развития

With its birth begins its struggle with the Bourgeoisie

С его рождения начинается его борьба с буржуазией

At first the contest is carried on by individual labourers
Сначала состязание ведется отдельными рабочими
then the contest is carried on by the workpeople of a factory
Затем конкурс ведут рабочие фабрики
then the contest is carried on by the operatives of one trade, in one locality
Затем конкурс проводится рабочими одной профессии, в одном населенном пункте
and the contest is then against the individual Bourgeoisie who directly exploits them
и тогда борьба идет против отдельной буржуазии, которая непосредственно эксплуатирует ее
They direct their attacks not against the Bourgeoisie conditions of production
Они направляют свои нападки не против буржуазных условий производства
but they direct their attack against the instruments of production themselves
Но они направляют свои нападки против самих орудий производства
they destroy imported wares that compete with their labour
Они уничтожают импортные товары, которые конкурируют с их трудом
they smash to pieces machinery and they set factories ablaze
Они разбивают машины и поджигают заводы
they seek to restore by force the vanished status of the workman of the Middle Ages
они стремятся силой восстановить исчезнувший статус средневекового рабочего
At this stage the labourers still form an incoherent mass scattered over the whole country
На этой ступени рабочие еще образуют бессвязную массу, разбросанную по всей стране
and they are broken up by their mutual competition
и они раздроблены взаимной конкуренцией
If anywhere they unite to form more compact bodies, this is

not yet the consequence of their own active union

Если где-то они и объединяются, образуя более компактные тела, то это еще не является следствием их собственного активного союза

but it is a consequence of the union of the Bourgeoisie, to attain its own political ends

но это следствие объединения буржуазии для достижения своих собственных политических целей

the Bourgeoisie is compelled to set the whole Proletariat in motion

Буржуазия вынуждена приводить в движение весь пролетариат

and moreover, for a time being, the Bourgeoisie is able to do so

и более того, до поры до времени буржуазия в состоянии это делать

At this stage, therefore, the proletarians do not fight their enemies

Поэтому на этой стадии пролетарии не борются со своими врагами

but instead they are fighting the enemies of their enemies

Но вместо этого они сражаются с врагами своих врагов

the fight the remnants of absolute monarchy and the landowners

Борьба с остатками абсолютной монархии и помещиками

they fight the non-industrial Bourgeoisie; the petty Bourgeoisie

они борются с непромышленной буржуазией; мелкая буржуазия

Thus the whole historical movement is concentrated in the hands of the Bourgeoisie

Таким образом, все историческое движение сосредоточено в руках буржуазии

every victory so obtained is a victory for the Bourgeoisie

Каждая победа, одержанная таким образом, есть победа буржуазии

But with the development of industry the Proletariat not only increases in number

Но с развитием промышленности пролетариат не только увеличивается в численности

the Proletariat becomes concentrated in greater masses and its strength grows

Пролетариат концентрируется в больших массах, и его сила растет

and the Proletariat feels that strength more and more

и пролетариат все больше и больше чувствует эту силу

The various interests and conditions of life within the ranks of the Proletariat are more and more equalised

Различные интересы и условия жизни в рядах пролетариата все более и более уравниваются

they become more in proportion as machinery obliterates all distinctions of labour

Они становятся все более и более пропорциональными по мере того, как машины уничтожают все различия в труде

and machinery nearly everywhere reduces wages to the same low level

и машины почти везде понижают заработную плату до того же низкого уровня

The growing competition among the Bourgeoisie, and the resulting commercial crises, make the wages of the workers ever more fluctuating

Растущая конкуренция среди буржуазии и вызванные ею торговые кризисы делают заработную плату рабочих все более колеблющейся

The unceasing improvement of machinery, ever more rapidly developing, makes their livelihood more and more precarious

Непрестанное совершенствование машин, все более быстро развивающихся, делает их средства к существованию все более и более ненадежными

the collisions between individual workmen and individual Bourgeoisie take more and more the character of collisions

between two classes

столкновения между отдельными рабочими и отдельной буржуазией все более и более приобретают характер столкновений между двумя классами

Thereupon the workers begin to form combinations (Trades Unions) against the Bourgeoisie

После этого рабочие начинают создавать союзы (тред-юнионы) против буржуазии

they club together in order to keep up the rate of wages

Они объединяются для того, чтобы поддерживать уровень заработной платы

they found permanent associations in order to make provision beforehand for these occasional revolts

Они создавали постоянные ассоциации, чтобы заранее подготовиться к этим случайным восстаниям

Here and there the contest breaks out into riots

То тут, то там соперничество перерастает в беспорядки

Now and then the workers are victorious, but only for a time

Время от времени рабочие одерживают победу, но только на время

The real fruit of their battles lies, not in the immediate result, but in the ever-expanding union of the workers

Действительный плод их борьбы заключается не в непосредственном результате, а во все более расширяющемся союзе рабочих

This union is helped on by the improved means of communication that are created by modern industry

Этому союзу способствуют усовершенствованные средства сообщения, созданные современной промышленностью

modern communication places the workers of different localities in contact with one another

Современные коммуникации позволяют рабочим разных населенных пунктов соприкасаться друг с другом

It was just this contact that was needed to centralise the numerous local struggles into one national struggle between classes

Именно этот контакт был необходим для того, чтобы централизовать многочисленную локальную борьбу в одну национальную борьбу между классами

all of these struggles are of the same character, and every class struggle is a political struggle

Все эти виды борьбы носят один и тот же характер, и всякая классовая борьба есть борьба политическая

the burghers of the Middle Ages, with their miserable highways, required centuries to form their unions

Средневековым бюргеры с их жалкими дорогами потребовались столетия, чтобы образовать свои союзы

the modern proletarians, thanks to railways, achieve their unions within a few years

Современные пролетарии, благодаря железным дорогам, добиваются своих союзов в течение нескольких лет

This organisation of the proletarians into a class consequently formed them into a political party

Эта организация пролетариев в класс превратила их в политическую партию

the political class is continually being upset again by the competition between the workers themselves

Политический класс постоянно расстраивается из-за конкуренции между самими рабочими

But the political class continues to rise up again, stronger, firmer, mightier

Но политический класс продолжает подниматься, становясь сильнее, тверже и могущественнее

It compels legislative recognition of particular interests of the workers

Она вынуждает законодательно признать особые интересы трудящихся

it does this by taking advantage of the divisions among the Bourgeoisie itself

она делает это, пользуясь расколом внутри самой буржуазии

Thus the ten-hours' bill in England was put into law

Таким образом, в Англии был принят закон о десятичасовом рабочем дне

in many ways the collisions between the classes of the old society further is the course of development of the Proletariat

во многом столкновения между классами старого общества являются дальнейшим ходом развития пролетариата

The Bourgeoisie finds itself involved in a constant battle

Буржуазия оказывается вовлеченной в постоянную борьбу

At first it will find itself involved in a constant battle with the aristocracy

Сначала она окажется вовлеченной в постоянную борьбу с аристократией

later on it will find itself involved in a constant battle with those portions of the Bourgeoisie itself

в дальнейшем она окажется вовлеченной в постоянную борьбу с теми частями самой буржуазии,

and their interests will have become antagonistic to the progress of industry

и их интересы станут антагонистичными по отношению к прогрессу промышленности

at all times, their interests will have become antagonistic with the Bourgeoisie of foreign countries

во все времена их интересы будут антагонистически относиться к буржуазии зарубежных стран

In all these battles it sees itself compelled to appeal to the Proletariat, and asks for its help

Во всех этих битвах она считает себя вынужденной взывать к пролетариату и просит у него помощи

and thus, it will feel compelled to drag it into the political arena

и, таким образом, она будет чувствовать себя вынужденной втянуть его на политическую арену

The Bourgeoisie itself, therefore, supplies the Proletariat with its own instruments of political and general education

Таким образом, буржуазия сама снабжает пролетариат своими орудиями политического и общего воспитания

in other words, it furnishes the Proletariat with weapons for fighting the Bourgeoisie

другими словами, она снабжает пролетариат оружием для борьбы с буржуазией

Further, as we have already seen, entire sections of the ruling classes are precipitated into the Proletariat

Далее, как мы уже видели, целые слои господствующих классов втягиваются в пролетариат

the advance of industry sucks them into the Proletariat

развитие промышленности засасывает их в пролетариат

or, at least, they are threatened in their conditions of existence

Или, по крайней мере, они находятся под угрозой в условиях своего существования

These also supply the Proletariat with fresh elements of enlightenment and progress

Они также дают пролетариату новые элементы просвещения и прогресса

Finally, in times when the class struggle nears the decisive hour

Наконец, во времена, когда классовая борьба приближается к решающему часу

the process of dissolution going on within the ruling class

Процесс разложения, происходящий внутри правящего класса

in fact, the dissolution going on within the ruling class will be felt within the whole range of society

На самом деле, разложение, происходящее внутри правящего класса, будет ощущаться во всем обществе

it will take on such a violent, glaring character, that a small section of the ruling class cuts itself adrift

Она примет такой жестокий, вопиющий характер, что небольшая часть правящего класса откажется от нее

and that ruling class will join the revolutionary class

И этот правящий класс присоединится к революционному классу

the revolutionary class being the class that holds the future in its hands

Революционный класс — это класс, который держит будущее в своих руках

Just as at an earlier period, a section of the nobility went over to the Bourgeoisie

Как и в прежние времена, часть дворянства перешла на сторону буржуазии

the same way a portion of the Bourgeoisie will go over to the Proletariat

точно так же часть буржуазии перейдет на сторону пролетариата

in particular, a portion of the Bourgeoisie will go over to a portion of the Bourgeoisie ideologists

в частности, часть буржуазии перейдет на сторону части идеологов буржуазии

Bourgeoisie ideologists who have raised themselves to the level of comprehending theoretically the historical movement as a whole

Идеологи буржуазии, поднявшиеся до уровня теоретического осмысления исторического движения в целом

Of all the classes that stand face to face with the Bourgeoisie today, the Proletariat alone is a really revolutionary class

Из всех классов, стоящих сегодня лицом к лицу с буржуазией, только пролетариат является действительно революционным классом

The other classes decay and finally disappear in the face of Modern Industry

Другие классы разлагаются и в конце концов исчезают перед лицом современной промышленности

the Proletariat is its special and essential product

Пролетариат есть его особый и существенный продукт

The lower middle class, the small manufacturer, the

shopkeeper, the artisan, the peasant

Низший средний класс, мелкий фабрикант, лавочник, ремесленник, крестьянин

all these fight against the Bourgeoisie

все эти борются с буржуазией

they fight as fractions of the middle class to save themselves from extinction

Они борются как фракции среднего класса, чтобы спасти себя от вымирания

They are therefore not revolutionary, but conservative

Поэтому они не революционные, а консервативные

Nay more, they are reactionary, for they try to roll back the wheel of history

Более того, они реакционны, потому что пытаются повернуть колесо истории вспять

If by chance they are revolutionary, they are so only in view of their impending transfer into the Proletariat

Если они случайно и являются революционными, то только ввиду их предстоящего перехода в пролетариат

they thus defend not their present, but their future interests

Таким образом, они защищают не свои настоящие, а будущие интересы

they desert their own standpoint to place themselves at that of the Proletariat

они отказываются от своей собственной точки зрения, чтобы встать на точку зрения пролетариата

The "dangerous class," the social scum, that passively rotting mass thrown off by the lowest layers of old society

«Опасный класс», социальная мразь, эта пассивно гниющая масса, отбрасываемая низшими слоями старого общества

they may, here and there, be swept into the movement by a proletarian revolution

Кое-где они могут быть втянуты в движение пролетарской революцией

its conditions of life, however, prepare it far more for the

part of a bribed tool of reactionary intrigue

Однако условия ее жизни в гораздо большей степени подготавливают ее к роли подкупленного орудия реакционных интриг

In the conditions of the Proletariat, those of old society at large are already virtually swamped

В условиях пролетариата старое общество в целом уже фактически затоплено

The proletarian is without property

Пролетарий без собственности

his relation to his wife and children has no longer anything in common with the Bourgeoisie's family-relations

его отношение к жене и детям уже не имеет ничего общего с семейными отношениями буржуазии

modern industrial labour, modern subjection to capital, the same in England as in France, in America as in Germany

современный промышленный труд, современное подчинение капиталу, то же самое в Англии, как и во Франции, в Америке, как и в Германии

his condition in society has stripped him of every trace of national character

Его положение в обществе лишило его всех следов национального характера

Law, morality, religion, are to him so many Bourgeoisie prejudices

Закон, мораль, религия — вот для него множество буржуазных предрассудков

and behind these prejudices lurk in ambush just as many Bourgeoisie interests

и за этими предрассудками скрываются в засаде столько же интересов буржуазии

All the preceding classes that got the upper hand, sought to fortify their already acquired status

Все предшествующие классы, одержавшие верх, стремились укрепить свой уже приобретенный статус

they did this by subjecting society at large to their

conditions of appropriation

Они сделали это, подчинив общество в целом своим условиям присвоения

The proletarians cannot become masters of the productive forces of society

Пролетарии не могут стать хозяевами производительных сил общества

it can only do this by abolishing their own previous mode of appropriation

Она может сделать это, только упразднив свой прежний способ присвоения

and thereby it also abolishes every other previous mode of appropriation

Тем самым она упраздняет и все другие прежние способы присвоения

They have nothing of their own to secure and to fortify

У них нет ничего своего, что можно было бы обезопасить и укрепить

their mission is to destroy all previous securities for, and insurances of, individual property

Их миссия состоит в том, чтобы уничтожить все предыдущие гарантии и страховки индивидуального имущества

All previous historical movements were movements of minorities

Все предыдущие исторические движения были движениями меньшинств

or they were movements in the interests of minorities

или это были движения в интересах меньшинств

The proletarian movement is the self-conscious, independent movement of the immense majority

Пролетарское движение есть сознательное, самостоятельное движение громадного большинства

and it is a movement in the interests of the immense majority

И это движение в интересах огромного большинства

The Proletariat, the lowest stratum of our present society
Пролетариат, низший слой нашего современного
общества
**it cannot stir or raise itself up without the whole
superincumbent strata of official society being sprung into
the air**
Она не может ни пошевелиться, ни возвыситься без того,
чтобы в воздух не были подняты все вышестоящие слои
официального общества
**Though not in substance, yet in form, the struggle of the
Proletariat with the Bourgeoisie is at first a national struggle**
Хотя и не по существу, но по форме, борьба пролетариата
с буржуазией есть сначала национальная борьба
**The Proletariat of each country must, of course, first of all
settle matters with its own Bourgeoisie**
Пролетариат каждой страны должен, конечно, прежде
всего уладить дела со своей буржуазией
**In depicting the most general phases of the development of
the Proletariat, we traced the more or less veiled civil war**
Изображая самые общие фазы развития пролетариата,
мы прослеживали более или менее завуалированную
гражданскую войну
this civil is raging within existing society
Это гражданское насилие бушует в существующем
обществе
**it will rage up to the point where that war breaks out into
open revolution**
Она будет бушевать до тех пор, пока эта война не
перерастет в открытую революцию
**and then the violent overthrow of the Bourgeoisie lays the
foundation for the sway of the Proletariat**
и тогда насильственное свержение буржуазии закладывает
основу господству пролетариата
**Hitherto, every form of society has been based, as we have
already seen, on the antagonism of oppressing and
oppressed classes**

До сих пор всякая форма общества основывалась, как мы уже видели, на антагонизме угнетенных и угнетенных классов

But in order to oppress a class, certain conditions must be assured to it

Но для того, чтобы угнетать класс, ему должны быть обеспечены определенные условия

the class must be kept under conditions in which it can, at least, continue its slavish existence

Класс должен содержаться в условиях, при которых он может, по крайней мере, продолжать свое рабское существование

The serf, in the period of serfdom, raised himself to membership in the commune

Крепостной крестьянин в период крепостного права возвысил себя до членства в общине

just as the petty Bourgeoisie, under the yoke of feudal absolutism, managed to develop into a Bourgeoisie

точно так же, как мелкая буржуазия под гнетом феодального абсолютизма успела развиться в буржуазию

The modern labourer, on the contrary, instead of rising with the progress of industry, sinks deeper and deeper

Современный рабочий, напротив, вместо того, чтобы подниматься вместе с прогрессом промышленности, опускается все глубже и глубже

he sinks below the conditions of existence of his own class

Он опускается ниже условий существования своего класса

He becomes a pauper, and pauperism develops more rapidly than population and wealth

Он становится нищим, а пауперизм развивается быстрее, чем население и богатство

And here it becomes evident, that the Bourgeoisie is unfit any longer to be the ruling class in society

И здесь становится очевидным, что буржуазия уже непригодна для того, чтобы быть господствующим классом в обществе

and it is unfit to impose its conditions of existence upon society as an over-riding law

И она непригодна для того, чтобы навязывать обществу свои условия существования в качестве высшего закона

It is unfit to rule because it is incompetent to assure an existence to its slave within his slavery

Она непригодна для управления, потому что она неспособна обеспечить существование своему рабу в его рабстве

because it cannot help letting him sink into such a state, that it has to feed him, instead of being fed by him

потому что она не может не позволить ему впасть в такое состояние, что она должна кормить его, вместо того, чтобы быть накормленной им

Society can no longer live under this Bourgeoisie

Общество не может больше жить при этой буржуазии

in other words, its existence is no longer compatible with society

Иными словами, его существование больше не совместимо с обществом

The essential condition for the existence, and for the sway of the Bourgeoisie class, is the formation and augmentation of capital

Существенным условием существования и господства класса буржуазии является образование и увеличение капитала

the condition for capital is wage-labour

Условием капитала является наемный труд

Wage-labour rests exclusively on competition between the labourers

Наемный труд покоится исключительно на конкуренции между рабочими

The advance of industry, whose involuntary promoter is the Bourgeoisie, replaces the isolation of the labourers

Развитие промышленности, невольным покровителем которой является буржуазия, заменяет изоляцию рабочих

due to competition, due to their revolutionary combination, due to association

за счет конкуренции, за счет их революционного сочетания, за счет объединения

The development of Modern Industry cuts from under its feet the very foundation on which the Bourgeoisie produces and appropriates products

Развитие современной промышленности выбивает у нее из-под ног самый фундамент, на котором буржуазия производит и присваивает продукты

What the Bourgeoisie produces, above all, is its own grave-diggers

Буржуазия производит, прежде всего, своих могильщиков

The fall of the Bourgeoisie and the victory of the Proletariat are equally inevitable

Падение буржуазии и победа пролетариата одинаково неизбежны

Proletarians and Communists
Пролетарии и коммунисты

In what relation do the Communists stand to the proletarians as a whole?

В каком отношении находятся коммунисты к пролетариям в целом?

The Communists do not form a separate party opposed to other working-class parties

Коммунисты не образуют отдельной партии, противостоящей другим рабочим партиям

They have no interests separate and apart from those of the proletariat as a whole

У них нет интересов, обособленных и обособленных от интересов пролетариата в целом

They do not set up any sectarian principles of their own, by which to shape and mould the proletarian movement

Они не устанавливают никаких собственных сектантских принципов, которыми можно было бы формировать и лепить пролетарское движение

The Communists are distinguished from the other working-class parties by only two things

Коммунисты отличаются от других рабочих партий только двумя вещами

Firstly, they point out and bring to the front the common interests of the entire proletariat, independently of all nationality

Во-первых, они указывают и выдвигают на первый план общие интересы всего пролетариата, независимо от всякой национальности

this they do in the national struggles of the proletarians of the different countries

Так они поступают в национальной борьбе пролетариев разных стран

Secondly, they always and everywhere represent the interests of the movement as a whole

Во-вторых, они всегда и везде представляют интересы движения в целом

this they do in the various stages of development, which the struggle of the working class against the Bourgeoisie has to pass through

Это происходит на различных ступенях развития, через которые должна пройти борьба рабочего класса с буржуазией

The Communists, therefore, are on the one hand, practically, the most advanced and resolute section of the working-class parties of every country

Таким образом, коммунисты являются, с одной стороны, практически самой передовой и решительной частью рабочих партий каждой страны

they are that section of the working class which pushes forward all others

Они являются той частью рабочего класса, которая толкает вперед всех остальных

theoretically, they also have the advantage of clearly understanding the line of march

Теоретически у них также есть преимущество в том, что они четко понимают линию марша

this they understand better compared the great mass of the proletariat

Это они понимают лучше по сравнению с огромной массой пролетариата

they understand the conditions, and the ultimate general results of the proletarian movement

Они понимают условия и конечные общие результаты пролетарского движения

The immediate aim of the Communist is the same as that of all the other proletarian parties

Ближайшая цель коммунистов та же, что и у всех других пролетарских партий

their aim is the formation of the proletariat into a class

Их целью является превращение пролетариата в класс

they aim to overthrow the Bourgeoisie supremacy

они стремятся свергнуть господство буржуазии

the strive for the conquest of political power by the proletariat

Борьба пролетариата за завоевание политической власти

The theoretical conclusions of the Communists are in no way based on ideas or principles of reformers

Теоретические выводы коммунистов никоим образом не основаны на идеях или принципах реформаторов

it wasn't would-be universal reformers that invented or discovered the theoretical conclusions of the Communists

Не мнимые универсальные реформаторы изобрели или открыли теоретические выводы коммунистов

They merely express, in general terms, actual relations springing from an existing class struggle

Они лишь выражают в общих чертах действительные отношения, вытекающие из существующей классовой борьбы

and they describe the historical movement going on under our very eyes that have created this class struggle

И они описывают историческое движение, происходящее на наших глазах и создавшее эту классовую борьбу

The abolition of existing property relations is not at all a distinctive feature of Communism

Уничтожение существующих отношений собственности вовсе не является отличительной чертой коммунизма

All property relations in the past have continually been subject to historical change

Все отношения собственности в прошлом постоянно подвергались историческим изменениям

and these changes were consequent upon the change in historical conditions

И эти изменения были следствием изменения исторических условий

The French Revolution, for example, abolished feudal property in favour of Bourgeoisie property

Французская революция, например, отменила
феодальную собственность в пользу буржуазной
собственности

**The distinguishing feature of Communism is not the
abolition of property, generally**

Отличительной чертой коммунизма вообще не является
уничтожение собственности

**but the distinguishing feature of Communism is the
abolition of Bourgeoisie property**

но отличительной чертой коммунизма является
уничтожение буржуазной собственности

**But modern Bourgeoisie private property is the final and
most complete expression of the system of producing and
appropriating products**

Но современная буржуазия частная собственность
является окончательным и наиболее полным выражением
системы производства и присвоения продуктов

**it is the final state of a system that is based on class
antagonisms, where class antagonism is the exploitation of
the many by the few**

Это конечное состояние системы, основанной на классовых
антагонизмах, где классовый антагонизм — это
эксплуатация многих меньшинством

**In this sense, the theory of the Communists may be summed
up in the single sentence; the Abolition of private property**

В этом смысле теория коммунистов может быть
резюмирована в одном предложении; Отмена частной
собственности

**We Communists have been reproached with the desire of
abolishing the right of personally acquiring property**

Нас, коммунистов, упрекают в желании уничтожить право
личного приобретения собственности

**it is claimed that this property is the fruit of a man's own
labour**

Утверждается, что это свойство является плодом
собственного труда человека

and this property is alleged to be the groundwork of all
personal freedom, activity and independence.

И эта собственность якобы является основой всякой
личной свободы, деятельности и независимости.

"Hard-won, self-acquired, self-earned property!"

«С трудом завоеванная, самостоятельно приобретенная,
самостоятельно заработанная собственность!»

Do you mean the property of the petty artisan and of the
small peasant?

Вы имеете в виду собственность мелкого ремесленника и
мелкого крестьянина?

Do you mean a form of property that preceded the
Bourgeoisie form?

Вы имеете в виду форму собственности,
предшествовавшую буржуазной форме?

There is no need to abolish that, the development of
industry has to a great extent already destroyed it

Нет нужды отменять это, развитие промышленности уже
в значительной степени разрушило ее

and development of industry is still destroying it daily

А развитие промышленности до сих пор ежедневно
разрушает ее

Or do you mean modern Bourgeoisie private property?

Или вы имеете в виду современную буржуазную частную
собственность?

But does wage-labour create any property for the labourer?

Но создает ли наемный труд какую-либо собственность
для рабочего?

no, wage labour creates not one bit of this kind of property!

Нет, наемный труд не создает ни кусочка такой
собственности!

what wage labour does create is capital; that kind of
property which exploits wage-labour

То, что создает наемный труд, есть капитал; тот вид
собственности, который эксплуатирует наемный труд

capital cannot increase except upon condition of begetting a

new supply of wage-labour for fresh exploitation

Капитал не может увеличиваться иначе, как при условии возникновения нового предложения наемного труда для новой эксплуатации

Property, in its present form, is based on the antagonism of capital and wage-labour

Собственность в ее теперешней форме основана на антагонизме капитала и наемного труда

Let us examine both sides of this antagonism

Рассмотрим обе стороны этого антагонизма

To be a capitalist is to have not only a purely personal status

Быть капиталистом – значит иметь не только чисто личный статус

instead, to be a capitalist is also to have a social status in production

Напротив, быть капиталистом означает также иметь социальный статус в производстве

because capital is a collective product; only by the united action of many members can it be set in motion

потому что капитал является коллективным продуктом; Только совместными действиями многих членов можно привести его в движение

but this united action is a last resort, and actually requires all members of society

Но это объединенное действие является крайней мерой, и на самом деле оно требует всех членов общества

Capital does get converted into the property of all members of society

Капитал действительно превращается в собственность всех членов общества

but Capital is, therefore, not a personal power; it is a social power

но капитал, следовательно, не есть личная сила; Это социальная сила

so when capital is converted into social property, personal property is not thereby transformed into social property

Таким образом, когда капитал превращается в общественную собственность, личная собственность не превращается тем самым в общественную собственность

It is only the social character of the property that is changed, and loses its class-character

Изменяется только общественный характер собственности, который теряет свой классовый характер

Let us now look at wage-labour

Обратимся теперь к наемному труду

The average price of wage-labour is the minimum wage, i.e., that quantum of the means of subsistence

Средняя цена наемного труда есть минимальная заработная плата, т. е. величина жизненных средств

this wage is absolutely requisite in bare existence as a labourer

Эта заработная плата абсолютно необходима для простого существования в качестве рабочего

What, therefore, the wage-labourer appropriates by means of his labour, merely suffices to prolong and reproduce a bare existence

Следовательно, того, что наемный рабочий присваивает своим трудом, достаточно только для того, чтобы продлить и воспроизвести голое существование

We by no means intend to abolish this personal appropriation of the products of labour

Мы ни в коем случае не намерены уничтожать это личное присвоение продуктов труда

an appropriation that is made for the maintenance and reproduction of human life

ассигнования, которые производятся для поддержания и воспроизводства человеческой жизни

such personal appropriation of the products of labour leave no surplus wherewith to command the labour of others

Такое личное присвоение продуктов труда не оставляет излишка, с помощью которого можно было бы распоряжаться трудом других

All that we want to do away with, is the miserable character of this appropriation

Все, с чем мы хотим покончить, — это жалкий характер этого присвоения

the appropriation under which the labourer lives merely to increase capital

присвоение, при котором рабочий живет только для того, чтобы приумножить капитал

he is allowed to live only in so far as the interest of the ruling class requires it

Ему позволено жить лишь постольку, поскольку этого требуют интересы господствующего класса

In Bourgeoisie society, living labour is but a means to increase accumulated labour

В буржуазном обществе живой труд является лишь средством увеличения накопленного труда

In Communist society, accumulated labour is but a means to widen, to enrich, to promote the existence of the labourer

В коммунистическом обществе накопленный труд является лишь средством расширения, обогащения, содействия существованию рабочего

In Bourgeoisie society, therefore, the past dominates the present

Таким образом, в буржуазном обществе прошлое господствует над настоящим

in Communist society the present dominates the past

в коммунистическом обществе настоящее господствует над прошлым

In Bourgeoisie society capital is independent and has individuality

В буржуазном обществе капитал независим и обладает индивидуальностью

In Bourgeoisie society the living person is dependent and has no individuality

В буржуазном обществе живой человек зависим и не обладает индивидуальностью

And the abolition of this state of things is called by the Bourgeoisie, abolition of individuality and freedom!

А уничтожение этого положения вещей буржуазия называет уничтожением индивидуальности и свободы!

And it is rightly called the abolition of individuality and freedom!

И это справедливо называется уничтожением индивидуальности и свободы!

Communism aims for the abolition of Bourgeoisie individuality

Коммунизм направлен на уничтожение индивидуальности буржуазии

Communism intends for the abolition of Bourgeoisie independence

Коммунизм стремится к уничтожению независимости буржуазии

Bourgeoisie freedom is undoubtedly what communism is aiming at

Свобода буржуазии — это, несомненно, то, к чему стремится коммунизм

under the present Bourgeoisie conditions of production, freedom means free trade, free selling and buying

При нынешних условиях производства буржуазии свобода означает свободную торговлю, свободную продажу и куплю

But if selling and buying disappears, free selling and buying also disappears

Но если исчезает продажа и покупка, то исчезает и свободная продажа и покупка

"brave words" by the Bourgeoisie about free selling and buying only have meaning in a limited sense

«смелые слова» буржуазии о свободной продаже и покупке имеют смысл только в ограниченном смысле

these words have meaning only in contrast with restricted selling and buying

Эти слова имеют смысл только в отличие от ограниченной

продажи и покупки

and these words have meaning only when applied to the fettered traders of the Middle Ages

и эти слова имеют смысл только тогда, когда они применяются к скованным торговцам средневековья

and that assumes these words even have meaning in a Bourgeoisie sense

и это предполагает, что эти слова даже имеют значение в буржуазном смысле

but these words have no meaning when they're being used to oppose the Communistic abolition of buying and selling

но эти слова не имеют смысла, когда они используются для того, чтобы выступить против коммунистической отмены купли-продажи

the words have no meaning when they're being used to oppose the Bourgeoisie conditions of production being abolished

Эти слова не имеют смысла, когда они используются для того, чтобы выступить против уничтожения буржуазных условий производства

and they have no meaning when they're being used to oppose the Bourgeoisie itself being abolished

и они не имеют никакого значения, когда они используются для того, чтобы противостоять уничтожению самой буржуазии

You are horrified at our intending to do away with private property

Вы в ужасе от того, что мы намерены покончить с частной собственностью

But in your existing society, private property is already done away with for nine-tenths of the population

Но в вашем нынешнем обществе с частной собственностью уже покончено девять десятых населения

the existence of private property for the few is solely due to its non-existence in the hands of nine-tenths of the population

Существование частной собственности для немногих
обусловлено исключительно ее отсутствием в руках девяти
десятых населения

You reproach us, therefore, with intending to do away with a form of property

Поэтому вы упрекаете нас в намерении покончить с формой собственности

but private property necessitates the non-existence of any property for the immense majority of society

Но частная собственность обусловливает отсутствие всякой собственности для громадного большинства общества

In one word, you reproach us with intending to do away with your property

Одним словом, вы упрекаете нас в намерении покончить с вашей собственностью

And it is precisely so; doing away with your Property is just what we intend

И это именно так; избавление от вашей собственности - это именно то, что мы намереваемся

From the moment when labour can no longer be converted into capital, money, or rent

С того момента, как труд уже не может быть превращен в капитал, деньги или ренту

when labour can no longer be converted into a social power capable of being monopolised

когда труд уже не может быть превращен в общественную силу, способную к монополизации

from the moment when individual property can no longer be transformed into Bourgeoisie property

с того момента, когда индивидуальная собственность уже не может быть превращена в собственность буржуазии

from the moment when individual property can no longer be transformed into capital

с того момента, когда индивидуальная собственность уже не может быть превращена в капитал

from that moment, you say individuality vanishes

Вы говорите, что с этого момента индивидуальность исчезает

You must, therefore, confess that by "individual" you mean no other person than the Bourgeoisie

Вы должны, следовательно, сознаться, что под «отдельным лицом» вы имеете в виду не что иное, как буржуазию

you must confess it specifically refers to the middle-class owner of property

Согласитесь, это относится именно к среднему классу, владеющему недвижимостью

This person must, indeed, be swept out of the way, and made impossible

Этот человек действительно должен быть сметен с дороги и сделан невозможным

Communism deprives no man of the power to appropriate the products of society

Коммунизм не лишает ни одного человека возможности присваивать продукты общества

all that Communism does is to deprive him of the power to subjugate the labour of others by means of such appropriation

Все, что делает коммунизм, — это лишает его возможности порабощать чужой труд посредством такого присвоения

It has been objected that upon the abolition of private property all work will cease

Возражали, что с уничтожением частной собственности прекратится всякая работа

and it is then suggested that universal laziness will overtake us

И тогда высказывается предположение, что нас настигнет всеобщая лень

According to this, Bourgeoisie society ought long ago to have gone to the dogs through sheer idleness

Согласно этому, буржуазное общество давно должно было бы пойти на произвол судьбы из-за безделья

because those of its members who work, acquire nothing

потому что те из его членов, которые работают, ничего не приобретают

and those of its members who acquire anything, do not work

А те из его членов, которые что-либо приобретают, не работают

The whole of this objection is but another expression of the tautology

Все это возражение есть не что иное, как еще одно выражение тавтологии

there can no longer be any wage-labour when there is no longer any capital

Не может быть больше никакого наемного труда, когда нет больше капитала

there is no difference between material products and mental products

Нет никакой разницы между материальными продуктами и ментальными продуктами

communism proposes both of these are produced in the same way

Коммунизм предполагает, что и то, и другое производится одним и тем же способом

but the objections against the Communistic modes of producing these are the same

но возражения против коммунистических способов их производства те же самые

to the Bourgeoisie the disappearance of class property is the disappearance of production itself

Для буржуазии исчезновение классовой собственности есть исчезновение самого производства

so the disappearance of class culture is to him identical with the disappearance of all culture

Таким образом, исчезновение классовой культуры для него тождественно исчезновению всякой культуры

That culture, the loss of which he laments, is for the enormous majority a mere training to act as a machine

Эта культура, об утрате которой он сожалеет, для подавляющего большинства является просто обучением действовать как машина

Communists very much intend to abolish the culture of Bourgeoisie property

Коммунисты очень хотят уничтожить культуру буржуазной собственности

But don't wrangle with us so long as you apply the standard of your Bourgeoisie notions of freedom, culture, law, etc

Но не спорьте с нами, пока вы применяете стандарт ваших буржуазных понятий о свободе, культуре, праве и т. д

Your very ideas are but the outgrowth of the conditions of your Bourgeoisie production and Bourgeoisie property

Самые ваши идеи есть не что иное, как порождение условий вашего буржуазного производства и буржуазной собственности

just as your jurisprudence is but the will of your class made into a law for all

Точно так же, как ваша юриспруденция есть не что иное, как воля вашего класса, превращенная в закон для всех

the essential character and direction of this will are determined by the economical conditions your social class create

Сущность и направление этой воли определяются экономическими условиями, создаваемыми вашим социальным классом

The selfish misconception that induces you to transform social forms into eternal laws of nature and of reason

Эгоистичное заблуждение, побуждающее вас превращать общественные формы в вечные законы природы и разума.

the social forms springing from your present mode of production and form of property

общественные формы, проистекающие из вашего теперешнего способа производства и формы собственности

historical relations that rise and disappear in the progress of

production

исторические отношения, возникающие и исчезающие в процессе производства

this misconception you share with every ruling class that has preceded you

Это заблуждение вы разделяете со всеми предшествовавшими вам правящими классами

What you see clearly in the case of ancient property, what you admit in the case of feudal property

То, что вы ясно видите в случае древней собственности, то, что вы допускаете в случае феодальной собственности

these things you are of course forbidden to admit in the case of your own Bourgeoisie form of property

Конечно, вам запрещено признавать эти вещи в отношении вашей собственной буржуазной формы собственности

Abolition of the family! Even the most radical flare up at this infamous proposal of the Communists

Упразднение семьи! Даже самые радикальные вспыхивают от этого гнусного предложения коммунистов

On what foundation is the present family, the Bourgeoisie family, based?

На каком фундаменте зиждется нынешняя семья, семья буржуазии?

the foundation of the present family is based on capital and private gain

Основа нынешней семьи основана на капитале и личной выгоде

In its completely developed form this family exists only among the Bourgeoisie

В своем вполне развитом виде эта семья существует только среди буржуазии

this state of things finds its complement in the practical absence of the family among the proletarians

Такое положение вещей дополняется практическим отсутствием семьи у пролетариев

this state of things can be found in public prostitution

Такое положение вещей можно найти в публичной проституции

The Bourgeoisie family will vanish as a matter of course when its complement vanishes

Буржуазная семья исчезнет как нечто само собой разумеющееся, когда исчезнет ее дополнение

and both of these will will vanish with the vanishing of capital

И обе эти воли исчезнут с исчезновением капитала

Do you charge us with wanting to stop the exploitation of children by their parents?

Вы обвиняете нас в том, что мы хотим остановить эксплуатацию детей их родителями?

To this crime we plead guilty

В этом преступлении мы признаем себя виновными

But, you will say, we destroy the most hallowed of relations, when we replace home education by social education

Но, скажете вы, мы разрушаем самые священные отношения, когда заменяем домашнее воспитание социальным воспитанием

is your education not also social? And is it not determined by the social conditions under which you educate?

Разве ваше образование не является социальным? И разве это не определяется социальными условиями, в которых вы обучаетесь?

by the intervention, direct or indirect, of society, by means of schools, etc.

прямым или косвенным вмешательством общества, школами и т.д.

The Communists have not invented the intervention of society in education

Коммунисты не придумали вмешательство общества в образование

they do but seek to alter the character of that intervention

Они лишь пытаются изменить характер этого

вмешательства

and they seek to rescue education from the influence of the ruling class

И они стремятся спасти образование от влияния правящего класса

The Bourgeoisie talk of the hallowed co-relation of parent and child

Буржуазия говорит о священных отношениях между родителем и ребенком

but this clap-trap about the family and education becomes all the more disgusting when we look at Modern Industry

но эта болтовня о семье и образовании становится еще более отвратительной, когда мы смотрим на современную промышленность

all family ties among the proletarians are torn asunder by modern industry

Все семейные связи у пролетариев разорваны современной промышленностью

their children are transformed into simple articles of commerce and instruments of labour

Их дети превращаются в простые предметы торговли и орудия труда

But you Communists would create a community of women, screams the whole Bourgeoisie in chorus

А вы, коммунисты, создали бы женское сообщество, хором кричит вся буржуазия

The Bourgeoisie sees in his wife a mere instrument of production

Буржуазия видит в своей жене простое орудие производства

He hears that the instruments of production are to be exploited by all

Он слышит, что орудия производства должны эксплуатироваться всеми

and, naturally, he can come to no other conclusion than that the lot of being common to all will likewise fall to women

И, естественно, он не может прийти ни к какому другому заключению, кроме того, что жребий быть общим для всех также выпадет на долю женщин

He has not even a suspicion that the real point is to do away with the status of women as mere instruments of production

Он даже не подозревает, что реальная цель состоит в том, чтобы покончить со статусом женщин как простых орудий производства

For the rest, nothing is more ridiculous than the virtuous indignation of our Bourgeoisie at the community of women

В остальном нет ничего смешнее, чем добродетельное негодование нашей буржуазии по поводу женской общности

they pretend it is to be openly and officially established by the Communists

они делают вид, что она открыто и официально установлена коммунистами

The Communists have no need to introduce community of women, it has existed almost from time immemorial

Коммунистам нет нужды вводить женскую общину, она существует почти с незапамятных времен

Our Bourgeoisie are not content with having the wives and daughters of their proletarians at their disposal

Наша буржуазия не довольствуется тем, что имеет в своем распоряжении жен и дочерей своих пролетариев

they take the greatest pleasure in seducing each other's wives

Они получают величайшее удовольствие от соблазнения жен друг друга

and that is not even to speak of common prostitutes

И это не говоря уже об обычных проститутках

Bourgeoisie marriage is in reality a system of wives in common

Буржуазный брак в действительности представляет собой систему общих жен

then there is one thing that the Communists might possibly

be reproached with

то есть одна вещь, в которой коммунистов можно было бы упрекнуть

they desire to introduce an openly legalised community of women

Они хотят создать открыто легализованное женское сообщество

rather than a hypocritically concealed community of women

а не лицемерно скрываемое сообщество женщин

the community of women springing from the system of production

Женское сообщество, вытекающее из производственной системы

abolish the system of production, and you abolish the community of women

Упраздните систему производства, и вы упраздните женскую общность

both public prostitution is abolished, and private prostitution

Упраздняется как публичная проституция, так и частная проституция

The Communists are further more reproached with desiring to abolish countries and nationality

Коммунистов еще больше упрекают в том, что они хотят уничтожить страны и национальности

The working men have no country, so we cannot take from them what they have not got

У трудящихся нет родины, поэтому мы не можем отнять у них то, чего у них нет

the proletariat must first of all acquire political supremacy

Пролетариат должен прежде всего приобрести политическое господство

the proletariat must rise to be the leading class of the nation

Пролетариат должен подняться, чтобы стать руководящим классом нации

the proletariat must constitute itself the nation

Пролетариат должен стать нацией

it is, so far, itself national, though not in the Bourgeoisie sense of the word

она сама пока национальна, хотя и не в буржуазном смысле этого слова

National differences and antagonisms between peoples are daily more and more vanishing

Национальные различия и антагонизмы между народами с каждым днем все более и более исчезают

owing to the development of the Bourgeoisie, to freedom of commerce, to the world-market

благодаря развитию буржуазии, свободе торговли, мировому рынку

to uniformity in the mode of production and in the conditions of life corresponding thereto

к единообразию в способе производства и в соответствующих ему условиях жизни

The supremacy of the proletariat will cause them to vanish still faster

Господство пролетариата приведет к тому, что они исчезнут еще быстрее

United action, of the leading civilised countries at least, is one of the first conditions for the emancipation of the proletariat

Объединенные действия, по крайней мере, ведущих цивилизованных стран, являются одним из первых условий освобождения пролетариата

In proportion as the exploitation of one individual by another is put an end to, the exploitation of one nation by another will also be put an end to

В той мере, в какой будет прекращена эксплуатация одного индивида другим, будет прекращена и эксплуатация одной нации другой.

In proportion as the antagonism between classes within the nation vanishes, the hostility of one nation to another will come to an end

По мере того, как исчезает антагонизм между классами
внутри нации, прекращается и враждебность одной нации
к другой

**The charges against Communism made from a religious, a
philosophical, and, generally, from an ideological
standpoint, are not deserving of serious examination**

Обвинения против коммунизма, выдвинутые с
религиозной, философской и вообще идеологической
точки зрения, не заслуживают серьезного рассмотрения

**Does it require deep intuition to comprehend that man's
ideas, views and conceptions changes with every change in
the conditions of his material existence?**

Нужна ли глубокая интуиция, чтобы понять, что идеи,
взгляды и представления человека меняются с каждым
изменением условий его материального существования?

**is it not obvious that man's consciousness changes when his
social relations and his social life changes?**

Разве не очевидно, что сознание человека изменяется,
когда изменяются его общественные отношения и его
общественная жизнь?

**What else does the history of ideas prove, than that
intellectual production changes its character in proportion as
material production is changed?**

Что еще доказывает история идей, как не то, что
умственное производство изменяет свой характер по мере
изменения материального производства?

**The ruling ideas of each age have ever been the ideas of its
ruling class**

Господствующими идеями каждой эпохи всегда были
идеи ее господствующего класса

**When people speak of ideas that revolutionise society, they
do but express one fact**

Когда люди говорят об идеях, которые
революционизируют общество, они говорят только об
одном факте

within the old society, the elements of a new one have been

created
В старом обществе созданы элементы нового
and that the dissolution of the old ideas keeps even pace
with the dissolution of the old conditions of existence
и что разложение старых идей идет ровно в ногу с
разложением старых условий существования
When the ancient world was in its last throes, the ancient
religions were overcome by Christianity
Когда древний мир переживал последние агонии, древние
религии были побеждены христианством
When Christian ideas succumbed in the 18th century to
rationalist ideas, feudal society fought its death battle with
the then revolutionary Bourgeoisie
Когда в 18 веке христианские идеи уступили место
рационалистическим идеям, феодальное общество вело
смертельную битву с тогдашней революционной
буржуазией
The ideas of religious liberty and freedom of conscience
merely gave expression to the sway of free competition
within the domain of knowledge
Идеи религиозной свободы и свободы совести лишь
выражали господство свободной конкуренции в области
знания
"Undoubtedly," it will be said, "religious, moral,
philosophical and juridical ideas have been modified in the
course of historical development"
«Несомненно, — скажут нам, — религиозные,
нравственные, философские и юридические идеи
видоизменялись в ходе исторического развития»
"But religion, morality philosophy, political science, and
law, constantly survived this change"
«Но религия, мораль, философия, политология и право
постоянно переживали эту перемену»
"There are also eternal truths, such as Freedom, Justice, etc"
«Есть и вечные истины, такие как Свобода,
Справедливость и т.д.»

"these eternal truths are common to all states of society"
«Эти вечные истины являются общими для всех состояний общества»

"But Communism abolishes eternal truths, it abolishes all religion, and all morality"
«Но коммунизм упраздняет вечные истины, он уничтожает всякую религию и всякую мораль»

"it does this instead of constituting them on a new basis"
«Он делает это вместо того, чтобы конституировать их на новой основе»

"it therefore acts in contradiction to all past historical experience"
«Следовательно, она действует в противоречии со всем прошлым историческим опытом»

What does this accusation reduce itself to?
К чему сводится это обвинение?

The history of all past society has consisted in the development of class antagonisms
История всего прошлого общества состояла в развитии классовых антагонизмов

antagonisms that assumed different forms at different epochs
антагонизмы, принимавшие различные формы в разные эпохи

But whatever form they may have taken, one fact is common to all past ages
Но какую бы форму они ни принимали, один факт является общим для всех прошлых веков

the exploitation of one part of society by the other
эксплуатация одной части общества другой

No wonder, then, that the social consciousness of past ages moves within certain common forms, or general ideas
Неудивительно поэтому, что общественное сознание прошлых веков движется в пределах некоторых общих форм или общих идей

(and that is despite all the multiplicity and variety it

displays)

(и это несмотря на всю множественность и разнообразие, которые он демонстрирует)

and these cannot completely vanish except with the total disappearance of class antagonisms

И они не могут полностью исчезнуть иначе, как с полным исчезновением классовых антагонизмов

The Communist revolution is the most radical rupture with traditional property relations

Коммунистическая революция – это самый радикальный разрыв с традиционными отношениями собственности

no wonder that its development involves the most radical rupture with traditional ideas

Неудивительно, что его развитие предполагает самый радикальный разрыв с традиционными представлениями

But let us have done with the Bourgeoisie objections to Communism

Но покончим с возражениями буржуазии против коммунизма

We have seen above the first step in the revolution by the working class

Выше мы видели первый шаг в революции рабочего класса

proletariat has to be raised to the position of ruling, to win the battle of democracy

Пролетариат должен быть поднят на господствующее положение, чтобы выиграть битву за демократию

The proletariat will use its political supremacy to wrest, by degrees, all capital from the Bourgeoisie

Пролетариат воспользуется своим политическим господством для того, чтобы постепенно вырвать у буржуазии весь капитал

it will centralise all instruments of production in the hands of the State

она централизует все орудия производства в руках государства

in other words, the proletariat organised as the ruling class

Иными словами, пролетариат организовался как господствующий класс

and it will increase the total of productive forces as rapidly as possible

И это позволит как можно быстрее увеличить совокупность производительных сил

Of course, in the beginning, this cannot be effected except by means of despotic inroads on the rights of property

Конечно, на первых порах это может быть достигнуто только путем деспотических посягательств на права собственности

and it has to be achieved on the conditions of Bourgeoisie production

и это должно быть достигнуто на условиях буржуазного производства

it is achieved by means of measures, therefore, which appear economically insufficient and untenable

Поэтому она достигается мерами, которые представляются экономически недостаточными и несостоятельными

but these means, in the course of the movement, outstrip themselves

Но эти средства в ходе движения опережают сами себя

they necessitate further inroads upon the old social order

Они требуют дальнейшего посягательства на старый общественный порядок

and they are unavoidable as a means of entirely revolutionising the mode of production

И они неизбежны как средство полной революции в способе производства

These measures will of course be different in different countries

Конечно, в разных странах эти меры будут разными

Nevertheless in the most advanced countries, the following will be pretty generally applicable

Тем не менее, в наиболее развитых странах в целом применимы следующие положения

1. Abolition of property in land and application of all rents of land to public purposes.
1. Отмена земельной собственности и использование всей земельной ренты на общественные нужды.

2. A heavy progressive or graduated income tax.
2. Большой прогрессивный или прогрессивный подоходный налог.

3. Abolition of all right of inheritance.
3. Отмена всех прав наследования.

4. Confiscation of the property of all emigrants and rebels.
4. Конфискация имущества всех эмигрантов и мятежников.

5. Centralisation of credit in the hands of the State, by means of a national bank with State capital and an exclusive monopoly.
5. Централизация кредита в руках государства посредством национального банка с государственным капиталом и исключительной монополией.

6. Centralisation of the means of communication and transport in the hands of the State.
6. Централизация средств сообщения и транспорта в руках государства.

7. Extension of factories and instruments of production owned by the State
7. Расширение фабрик и орудий производства, принадлежащих государству
the bringing into cultivation of waste-lands, and the improvement of the soil generally in accordance with a common plan.
Возделывание пустырей и улучшение почвы вообще в соответствии с общим планом.

8. Equal liability of all to labour
8. Равная ответственность всех перед трудом

Establishment of industrial armies, especially for agriculture.

Создание промышленных армий, особенно для сельского хозяйства.

9. Combination of agriculture with manufacturing industries

9. Сочетание сельского хозяйства с обрабатывающими отраслями промышленности

gradual abolition of the distinction between town and country, by a more equable distribution of the population over the country.

постепенное уничтожение различия между городом и деревней путем более равномерного распределения населения по стране.

10. Free education for all children in public schools.

10. Бесплатное образование для всех детей в государственных школах.

Abolition of children's factory labour in its present form

Уничтожение детского фабричного труда в его нынешнем виде

Combination of education with industrial production

Совмещение образования с промышленным производством

When, in the course of development, class distinctions have disappeared

Когда в ходе развития классовые различия исчезли

and when all production has been concentrated in the hands of a vast association of the whole nation

и когда все производство сосредоточено в руках обширного объединения всей нации

then the public power will lose its political character

Тогда публичная власть потеряет свой политический характер

Political power, properly so called, is merely the organised power of one class for oppressing another

Политическая власть, собственно говоря, есть не что иное,

как организованная власть одного класса для угнетения другого

If the proletariat during its contest with the Bourgeoisie is compelled, by the force of circumstances, to organise itself as a class

Если пролетариат в своей борьбе с буржуазией вынужден силой обстоятельств организоваться как класс

if, by means of a revolution, it makes itself the ruling class

если посредством революции она сделает себя господствующим классом

and, as such, it sweeps away by force the old conditions of production

И как таковая она силой сметает старые условия производства

then it will, along with these conditions, have swept away the conditions for the existence of class antagonisms and of classes generally

то вместе с этими условиями она уничтожила бы и условия существования классовых антагонизмов и классов вообще

and will thereby have abolished its own supremacy as a class.

и тем самым упразднит свое собственное господство как класса.

In place of the old Bourgeoisie society, with its classes and class antagonisms, we shall have an association

Вместо старого буржуазного общества с его классами и классовыми антагонизмами мы будем иметь ассоциацию

an association in which the free development of each is the condition for the free development of all

ассоциация, в которой свободное развитие каждого является условием свободного развития всех

Reactionary Socialism
Реакционный социализм

a) Feudal Socialism
а) Феодальный социализм

the aristocracies of France and England had a unique historical position
аристократии Франции и Англии занимали уникальное историческое положение

it became their vocation to write pamphlets against modern Bourgeoisie society
Их призванием стало написание памфлетов против современного буржуазного общества

In the French revolution of July 1830, and in the English reform agitation
Во Французской революции 1830 г. и в английской реформаторской агитации

these aristocracies again succumbed to the hateful upstart
Эти аристократии снова поддались ненавистному выскочке

Thenceforth, a serious political contest was altogether out of the question
С этого момента ни о каком серьезном политическом соперничестве не могло быть и речи

All that remained possible was literary battle, not an actual battle
Все, что оставалось возможным, это литературная битва, а не настоящая битва

But even in the domain of literature the old cries of the restoration period had become impossible
Но даже в области литературы старые крики эпохи Реставрации стали невозможными

In order to arouse sympathy, the aristocracy were obliged to lose sight, apparently, of their own interests
Чтобы вызвать сочувствие, аристократия вынуждена была

забыть, по-видимому, о собственных интересах

and they were obliged to formulate their indictment against the Bourgeoisie in the interest of the exploited working class

и они должны были сформулировать свой обвинительный акт против буржуазии в интересах эксплуатируемого рабочего класса

Thus the aristocracy took their revenge by singing lampoons on their new master

Таким образом, аристократия отомстила, распевая пародии на своего нового хозяина

and they took their revenge by whispering in his ears sinister prophecies of coming catastrophe

И они отомстили, нашептав ему на уши зловещие пророчества о грядущей катастрофе

In this way arose Feudal Socialism: half lamentation, half lampoon

Так возник феодальный социализм: наполовину плач, наполовину памфлет

it rung as half echo of the past, and projected half menace of the future

Он звучал наполовину как эхо прошлого и наполовину как угроза будущего

at times, by its bitter, witty and incisive criticism, it struck the Bourgeoisie to the very heart's core

временами своей горькой, остроумной и острой критикой она поражала буржуазию до глубины души

but it was always ludicrous in its effect, through total incapacity to comprehend the march of modern history

Но она всегда была смехотворна по своему эффекту из-за полной неспособности понять ход современной истории

The aristocracy, in order to rally the people to them, waved the proletarian alms-bag in front for a banner

Аристократия, чтобы сплотить вокруг себя народ, размахивала перед собой пролетарским мешком с подаянием за знамя

But the people, so often as it joined them, saw on their

hindquarters the old feudal coats of arms

Но народ всякий раз, когда присоединялся к нему, видел на своих задних лапах старые феодальные гербы

and they deserted with loud and irreverent laughter

И они покинули его с громким и непочтительным смехом

One section of the French Legitimists and "Young England" exhibited this spectacle

Одна часть французских легитимистов и «Молодой Англии» устроила это зрелище

the feudalists pointed out that their mode of exploitation was different to that of the Bourgeoisie

феодалы указывали на то, что их способ эксплуатации отличается от способа эксплуатации буржуазии

the feudalists forget that they exploited under circumstances and conditions that were quite different

Феодалы забывают, что они эксплуатировали в совершенно иных условиях и обстоятельствах

and they didn't notice such methods of exploitation are now antiquated

И не заметили, что такие методы эксплуатации сейчас устарели

they showed that, under their rule, the modern proletariat never existed

Они показали, что при их правлении современного пролетариата никогда не существовало

but they forget that the modern Bourgeoisie is the necessary offspring of their own form of society

но они забывают, что современная буржуазия является необходимым порождением их собственной формы общества

For the rest, they hardly conceal the reactionary character of their criticism

В остальном же они едва ли скрывают реакционный характер своей критики

their chief accusation against the Bourgeoisie amounts to the following

их главное обвинение против буржуазии сводится к следующему

under the Bourgeoisie regime a social class is being developed

при буржуазном режиме развивается социальный класс

this social class is destined to cut up root and branch the old order of society

Этому социальному классу суждено пересечь корни и ветви старого общественного порядка

What they upbraid the Bourgeoisie with is not so much that it creates a proletariat

Они упрекают буржуазию не столько в том, что она создает пролетариат

what they upbraid the Bourgeoisie with is moreso that it creates a revolutionary proletariat

то, в чем они упрекают буржуазию, тем более, что она создает революционный пролетариат

In political practice, therefore, they join in all coercive measures against the working class

Поэтому в политической практике они присоединяются ко всем принудительным мерам против рабочего класса

and in ordinary life, despite their highfalutin phrases, they stoop to pick up the golden apples dropped from the tree of industry

А в обычной жизни, несмотря на свои высокопарные фразы, они наклоняются, чтобы сорвать золотые яблоки, упавшие с дерева промышленности

and they barter truth, love, and honour for commerce in wool, beetroot-sugar, and potato spirits

И они обменивают истину, любовь и честь на торговлю шерстью, свекловичным сахаром и картофельным спиртом

As the parson has ever gone hand in hand with the landlord, so has Clerical Socialism with Feudal Socialism

Как священник всегда шел рука об руку с помещиком, так и клерикальный социализм шел рука об руку с феодальным социализмом

Nothing is easier than to give Christian asceticism a Socialist tinge

Нет ничего легче, как придать христианскому аскетизму социалистический оттенок

Has not Christianity declaimed against private property, against marriage, against the State?

Разве христианство не выступало против частной собственности, против брака, против государства?

Has Christianity not preached in the place of these, charity and poverty?

Разве христианство не проповедовало вместо них милосердие и бедность?

Does Christianity not preach celibacy and mortification of the flesh, monastic life and Mother Church?

Разве христианство не проповедует безбрачие и умерщвление плоти, монашескую жизнь и Мать-Церковь?

Christian Socialism is but the holy water with which the priest consecrates the heart-burnings of the aristocrat

Христианский социализм есть не что иное, как святая вода, которой священник освящает горящие сердца аристократа

b) Petty-Bourgeois Socialism
б) Мелкобуржуазный социализм

The feudal aristocracy was not the only class that was ruined by the Bourgeoisie
Феодальная аристократия была не единственным классом, разоренным буржуазией
it was not the only class whose conditions of existence pined and perished in the atmosphere of modern Bourgeoisie society
Это был не единственный класс, условия существования которого страдали и гибли в атмосфере современного буржуазного общества
The medieval burgesses and the small peasant proprietors were the precursors of the modern Bourgeoisie
Средневековые горожане и мелкие крестьяне-собственники были предшественниками современной буржуазии
In those countries which are but little developed, industrially and commercially, these two classes still vegetate side by side
В тех странах, которые мало развиты в промышленном и торговом отношении, эти два класса все еще прозябают бок о бок
and in the meantime the Bourgeoisie rise up next to them: industrially, commercially, and politically
а между тем буржуазия поднимается рядом с ними: в промышленном, торговом и политическом отношении
In countries where modern civilisation has become fully developed, a new class of petty Bourgeoisie has been formed
В странах, где современная цивилизация достигла полного развития, образовался новый класс мелкой буржуазии
this new social class fluctuates between proletariat and Bourgeoisie
этот новый социальный класс колеблется между пролетариатом и буржуазией

and it is ever renewing itself as a supplementary part of Bourgeoisie society

и она постоянно обновляется как дополнительная часть буржуазного общества

The individual members of this class, however, are being constantly hurled down into the proletariat

Но отдельные члены этого класса постоянно низвергаются в пролетариат

they are sucked up by the proletariat through the action of competition

Они поглощаются пролетариатом под действием конкуренции

as modern industry develops they even see the moment approaching when they will completely disappear as an independent section of modern society

По мере развития современной промышленности они даже видят приближение момента, когда они полностью исчезнут как самостоятельная часть современного общества

they will be replaced, in manufactures, agriculture and commerce, by overlookers, bailiffs and shopmen

В промышленности, сельском хозяйстве и торговле они будут заменены надзирателями, судебными приставами и лавочниками

In countries like France, where the peasants constitute far more than half of the population

В таких странах, как Франция, где крестьяне составляют гораздо больше половины населения

it was natural that there there are writers who sided with the proletariat against the Bourgeoisie

естественно, что там есть писатели, которые встали на сторону пролетариата против буржуазии

in their criticism of the Bourgeoisie regime they used the standard of the peasant and petty Bourgeoisie

в своей критике буржуазного режима они пользовались мерилом крестьянской и мелкой буржуазии

and from the standpoint of these intermediate classes they take up the cudgels for the working class

И с точки зрения этих промежуточных классов они берутся за дубину рабочего класса

Thus arose petty-Bourgeoisie Socialism, of which Sismondi was the head of this school, not only in France but also in England

Так возник мелкобуржуазный социализм, главой которого был Сисмонди, не только во Франции, но и в Англии

This school of Socialism dissected with great acuteness the contradictions in the conditions of modern production

Эта школа социализма с большой остротой вскрывала противоречия в условиях современного производства

This school laid bare the hypocritical apologies of economists

Эта школа обнажила лицемерные извинения экономистов

This school proved, incontrovertibly, the disastrous effects of machinery and division of labour

Эта школа неопровержимо доказала гибельность машин и разделения труда

it proved the concentration of capital and land in a few hands

Она доказала концентрацию капитала и земли в немногих руках

it proved how overproduction leads to Bourgeoisie crises

она доказала, как перепроизводство приводит к кризисам буржуазии

it pointed out the inevitable ruin of the petty Bourgeoisie and peasant

она указывала на неизбежное разорение мелкой буржуазии и крестьянства

the misery of the proletariat, the anarchy in production, the crying inequalities in the distribution of wealth

нищета пролетариата, анархия в производстве, вопиющее неравенство в распределении богатства

it showed how the system of production leads the industrial

war of extermination between nations

Она показала, как производственная система ведет индустриальную войну на уничтожение между нациями

the dissolution of old moral bonds, of the old family relations, of the old nationalities

Разложение старых нравственных уз, старых семейных отношений, старых национальностей

In its positive aims, however, this form of Socialism aspires to achieve one of two things

Однако в своих позитивных целях эта форма социализма стремится достичь одного из двух

either it aims to restore the old means of production and of exchange

Либо она направлена на восстановление старых средств производства и обмена

and with the old means of production it would restore the old property relations, and the old society

А со старыми средствами производства она восстановила бы старые отношения собственности и старое общество

or it aims to cramp the modern means of production and exchange into the old framework of the property relations

Или же она стремится втиснуть современные средства производства и обмена в старые рамки отношений собственности

In either case, it is both reactionary and Utopian

И в том, и в другом случае она реакционна и утопична

Its last words are: corporate guilds for manufacture, patriarchal relations in agriculture

Его последние слова: корпоративные гильдии для мануфактуры, патриархальные отношения в сельском хозяйстве

Ultimately, when stubborn historical facts had dispersed all intoxicating effects of self-deception

В конце концов, когда упрямые исторические факты рассеяли все опьяняющие эффекты самообмана

this form of Socialism ended in a miserable fit of pity

эта форма социализма закончилась жалким припадком
жалости

c) German, or "True," Socialism
в) Немецкий, или «истинный», социализм

The Socialist and Communist literature of France originated under the pressure of a Bourgeoisie in power

Социалистическая и коммунистическая литература Франции возникла под давлением буржуазии, находившейся у власти

and this literature was the expression of the struggle against this power

И эта литература была выражением борьбы против этой власти

it was introduced into Germany at a time when the Bourgeoisie had just begun its contest with feudal absolutism

он был введен в Германии в то время, когда буржуазия только начинала борьбу с феодальным абсолютизмом

German philosophers, would-be philosophers, and beaux esprits, eagerly seized on this literature

Немецкие философы, будущие философы и красавицы жадно хватались за эту литературу

but they forgot that the writings immigrated from France into Germany without bringing the French social conditions along

но они забыли, что эти произведения иммигрировали из Франции в Германию, не принеся с собой французских социальных условий

In contact with German social conditions, this French literature lost all its immediate practical significance

Соприкасаясь с немецкими социальными условиями, эта французская литература теряла всякое свое непосредственное практическое значение

and the Communist literature of France assumed a purely literary aspect in German academic circles

коммунистическая литература Франции приняла чисто литературный характер в немецких академических кругах

Thus, the demands of the first French Revolution were nothing more than the demands of "Practical Reason"

Таким образом, требования первой французской революции были не чем иным, как требованиями «практического разума»

and the utterance of the will of the revolutionary French Bourgeoisie signified in their eyes the law of pure Will

и волеизъявление революционной французской буржуазии означало в их глазах закон чистой воли

it signified Will as it was bound to be; of true human Will generally

оно означало Волю, какой она должна была быть; истинной человеческой Воли вообще

The world of the German literati consisted solely in bringing the new French ideas into harmony with their ancient philosophical conscience

Мир немецких литераторов состоял исключительно в том, чтобы привести новые французские идеи в гармонию с их древним философским сознанием

or rather, they annexed the French ideas without deserting their own philosophic point of view

или, вернее, они аннексировали французские идеи, не отказываясь от своей собственной философской точки зрения

This annexation took place in the same way in which a foreign language is appropriated, namely, by translation

Эта аннексия произошла тем же способом, каким присваивается иностранный язык, а именно путем перевода

It is well known how the monks wrote silly lives of Catholic Saints over manuscripts

Хорошо известно, как монахи писали над рукописями глупые жития католических святых

the manuscripts on which the classical works of ancient heathendom had been written

рукописи, на которых были написаны классические труды

древнего язычества

The German literati reversed this process with the profane
French literature

Немецкие литераторы обратили этот процесс вспять с
помощью профанной французской литературы

They wrote their philosophical nonsense beneath the French
original

Они написали свой философский бред под французским
оригиналом

For instance, beneath the French criticism of the economic
functions of money, they wrote "Alienation of Humanity"

Например, под французской критикой экономических
функций денег они написали «Отчуждение человечества»

beneath the French criticism of the Bourgeoisie State they
wrote "dethronement of the Category of the General"

под французской критикой буржуазного государства они
писали «свержение категории генерала»

The introduction of these philosophical phrases at the back
of the French historical criticisms they dubbed:

Введение этих философских фраз в конце французской
исторической критики они окрестили:

"Philosophy of Action," "True Socialism," "German Science
of Socialism," "Philosophical Foundation of Socialism," and
so on

«Философия действия», «Истинный социализм»,
«Немецкая наука о социализме», «Философское
обоснование социализма» и т. д

The French Socialist and Communist literature was thus
completely emasculated

Таким образом, французская социалистическая и
коммунистическая литература была полностью
выхолощена

in the hands of the German philosophers it ceased to express
the struggle of one class with the other

в руках немецких философов оно перестало выражать
борьбу одного класса с другим

and so the German philosophers felt conscious of having
overcome "French one-sidedness"
Таким образом, немецкие философы сознавали, что
преодолели «французскую односторонность»
it did not have to represent true requirements, rather, it
represented requirements of truth
Она не должна была представлять истинные требования,
скорее, она представляла требования истины
there was no interest in the proletariat, rather, there was
interest in Human Nature
не было интереса к пролетариату, скорее, был интерес к
человеческой природе
the interest was in Man in general, who belongs to no class,
and has no reality
интерес был к человеку вообще, который не принадлежит
ни к какому классу и не имеет реальности
a man who exists only in the misty realm of philosophical
fantasy
Человек, существующий только в туманном царстве
философской фантазии
but eventually this schoolboy German Socialism also lost its
pedantic innocence
но в конце концов и этот школьный немецкий социализм
утратил свою педантичную невинность
the German Bourgeoisie, and especially the Prussian
Bourgeoisie fought against feudal aristocracy
немецкая буржуазия, и особенно прусская буржуазия,
боролась против феодальной аристократии
the absolute monarchy of Germany and Prussia was also
being faught against
против абсолютной монархии Германии и Пруссии также
велась борьба
and in turn, the literature of the liberal movement also
became more earnest
А литература либерального движения, в свою очередь,
также стала более серьезной

Germany's long wished-for opportunity for "true" Socialism was offered

Германии была предложена долгожданная возможность для «настоящего» социализма

the opportunity of confronting the political movement with the Socialist demands

возможность противопоставить политическое движение социалистическим требованиям

the opportunity of hurling the traditional anathemas against liberalism

возможность обрушить традиционные анафемы на либерализм

the opportunity to attack representative government and Bourgeoisie competition

возможность нападать на представительное правительство и конкуренцию буржуазии

Bourgeoisie freedom of the press, Bourgeoisie legislation, Bourgeoisie liberty and equality

Буржуазия свобода печати, буржуазное законодательство, буржуазия свобода и равенство

all of these could now be critiqued in the real world, rather than in fantasy

Все это теперь можно было критиковать в реальном мире, а не в фантазиях

feudal aristocracy and absolute monarchy had long preached to the masses

Феодальная аристократия и абсолютная монархия издавна проповедовали массам

"the working man has nothing to lose, and he has everything to gain"

«Трудящемуся нечего терять, и он все приобретает»

the Bourgeoisie movement also offered a chance to confront these platitudes

Буржуазное движение также дало шанс противостоять этим банальностям

the French criticism presupposed the existence of modern

Bourgeoisie society
французская критика предполагала существование
современного буржуазного общества
**Bourgeoisie economic conditions of existence and
Bourgeoisie political constitution**
Экономические условия существования буржуазии и
политическая конституция буржуазии
**the very things whose attainment was the object of the
pending struggle in Germany**
те самые вещи, достижение которых было целью
предстоящей борьбы в Германии
**Germany's silly echo of socialism abandoned these goals
just in the nick of time**
Глупое эхо социализма в Германии отказалось от этих
целей в самый последний момент
**the absolute governments had their following of parsons,
professors, country squires and officials**
Абсолютные правительства имели своих последователей в
лице священников, профессоров, сельских сквайров и
чиновников
**the government of the time met the German working-class
risings with floggings and bullets**
тогдашнее правительство встречало восстания немецкого
рабочего класса порками и пулями
**for them this socialism served as a welcome scarecrow
against the threatening Bourgeoisie**
для них этот социализм служил желанным пугалом
против угрожающей буржуазии
**and the German government was able to offer a sweet
dessert after the bitter pills it handed out**
и немецкое правительство смогло предложить сладкий
десерт после горьких пилюль, которые оно раздавало
**this "True" Socialism thus served the governments as a
weapon for fighting the German Bourgeoisie**
Таким образом, этот «истинный» социализм служил
правительствам оружием в борьбе с германской

буржуазией

and, at the same time, it directly represented a reactionary interest; that of the German Philistines

и в то же время она прямо представляла реакционный интерес; У немецких филистимлян

In Germany the petty Bourgeoisie class is the real social basis of the existing state of things

В Германии класс мелкой буржуазии является действительной социальной основой существующего положения вещей

a relique of the sixteenth century that has constantly been cropping up under various forms

Пережиток шестнадцатого века, который постоянно всплывает в различных формах

To preserve this class is to preserve the existing state of things in Germany

Сохранить этот класс — значит сохранить существующее положение вещей в Германии

The industrial and political supremacy of the Bourgeoisie threatens the petty Bourgeoisie with certain destruction

Промышленное и политическое господство буржуазии грозит мелкой буржуазии верной гибелью

on the one hand, it threatens to destroy the petty Bourgeoisie through the concentration of capital

с одной стороны, она грозит уничтожением мелкой буржуазии путем концентрации капитала

on the other hand, the Bourgeoisie threatens to destroy it through the rise of a revolutionary proletariat

с другой стороны, буржуазия грозит погубить ее подъемом революционного пролетариата

"True" Socialism appeared to kill these two birds with one stone. It spread like an epidemic

«Настоящий» социализм оказался для того, чтобы убить этих двух зайцев одним выстрелом. Она распространялась как эпидемия

The robe of speculative cobwebs, embroidered with flowers

of rhetoric, steeped in the dew of sickly sentiment

Одеяние спекулятивной паутины, расшитое цветами риторики, пропитанное росой болезненных сантиментов

this transcendental robe in which the German Socialists wrapped their sorry "eternal truths"

это трансцендентное одеяние, в которое немецкие социалисты завернули свои жалкие «вечные истины»

all skin and bone, served to wonderfully increase the sale of their goods amongst such a public

кожа и кости, послужили для того, чтобы чудесным образом увеличить продажу своих товаров среди такой публики

And on its part, German Socialism recognised, more and more, its own calling

Со своей стороны, немецкий социализм все больше и больше признавал свое призвание

it was called to be the bombastic representative of the petty-Bourgeoisie Philistine

его называли напыщенным представителем мещанского мещанина

It proclaimed the German nation to be the model nation, and German petty Philistine the model man

Она провозглашала немецкую нацию образцовой нацией, а немецкого мелкого мещанина — образцовым человеком

To every villainous meanness of this model man it gave a hidden, higher, Socialistic interpretation

Каждой злодейской подлости этого образцового человека она давала скрытое, более высокое, социалистическое толкование

this higher, Socialistic interpretation was the exact contrary of its real character

это высшее, социалистическое толкование было полной противоположностью его действительному характеру

It went to the extreme length of directly opposing the "brutally destructive" tendency of Communism

Она дошла до крайности, прямо выступив против

«жестоко разрушительной» тенденции коммунизма

and it proclaimed its supreme and impartial contempt of all class struggles

и она провозглашала свое величайшее и беспристрастное презрение ко всякой классовой борьбе

With very few exceptions, all the so-called Socialist and Communist publications that now (1847) circulate in Germany belong to the domain of this foul and enervating literature

За очень немногими исключениями, все так называемые социалистические и коммунистические издания, которые теперь (1847 г.) распространяются в Германии, принадлежат к области этой грязной и изнуряющей литературы

Conservative Socialism, or Bourgeoisie Socialism
Консервативный социализм, или буржуазный социализм

A part of the Bourgeoisie is desirous of redressing social grievances
Часть буржуазии желает загладить социальные обиды
in order to secure the continued existence of Bourgeoisie society
для того, чтобы обеспечить дальнейшее существование буржуазного общества
To this section belong economists, philanthropists, humanitarians
К этой секции относятся экономисты, меценаты, гуманитарии
improvers of the condition of the working class and organisers of charity
улучшатели положения рабочего класса и организаторы благотворительности
members of societies for the prevention of cruelty to animals
члены обществ по предотвращению жестокого обращения с животными
temperance fanatics, hole-and-corner reformers of every imaginable kind
Фанатики трезвости, реформаторы всех мыслимых и немыслимых
This form of Socialism has, moreover, been worked out into complete systems
Более того, эта форма социализма превратилась в законченные системы
We may cite Proudhon's "Philosophie de la Misère" as an example of this form
В качестве примера можно привести «Философию отверженности» Прудона
The Socialistic Bourgeoisie want all the advantages of modern social conditions
Социалистическая буржуазия хочет использовать все

преимущества современных общественных условий

but the Socialistic Bourgeoisie don't necessarily want the resulting struggles and dangers

Но социалистическая буржуазия не обязательно хочет борьбы и опасностей

They desire the existing state of society, minus its revolutionary and disintegrating elements

Они желают существующего состояния общества, за вычетом его революционных и разлагающих элементов

in other words, they wish for a Bourgeoisie without a proletariat

другими словами, они хотят буржуазии без пролетариата

The Bourgeoisie naturally conceives the world in which it is supreme to be the best

Буржуазия, естественно, представляет себе мир, в котором она превыше всего, быть лучшей

and Bourgeoisie Socialism develops this comfortable conception into various more or less complete systems

и буржуазный социализм развивает эту удобную концепцию в различные более или менее законченные системы

they would very much like the proletariat to march straightway into the social New Jerusalem

они очень хотели бы, чтобы пролетариат немедленно двинулся в социальный Новый Иерусалим

but in reality it requires the proletariat to remain within the bounds of existing society

Но в действительности она требует, чтобы пролетариат оставался в рамках существующего общества

they ask the proletariat to cast away all their hateful ideas concerning the Bourgeoisie

они требуют от пролетариата отбросить все свои ненавистные идеи о буржуазии

there is a second more practical, but less systematic, form of this Socialism

есть и вторая, более практическая, но менее

систематическая форма этого социализма

this form of socialism sought to depreciate every revolutionary movement in the eyes of the working class

Эта форма социализма стремилась обесценить всякое революционное движение в глазах рабочего класса

they argue no mere political reform could be of any advantage to them

Они утверждают, что никакая политическая реформа не может принести им никакой пользы

only a change in the material conditions of existence in economic relations are of benefit

Только изменение материальных условий существования в экономических отношениях приносит пользу

like communism, this form of socialism advocates for a change in the material conditions of existence

Как и коммунизм, эта форма социализма выступает за изменение материальных условий существования

however, this form of socialism by no means suggests the abolition of the Bourgeoisie relations of production

Однако эта форма социализма отнюдь не предполагает уничтожения буржуазных производственных отношений

the abolition of the Bourgeoisie relations of production can only be achieved through a revolution

уничтожение буржуазных производственных отношений может быть достигнуто только путем революции

but instead of a revolution, this form of socialism suggests administrative reforms

Но вместо революции эта форма социализма предлагает административные реформы

and these administrative reforms would be based on the continued existence of these relations

И эти административные реформы будут основываться на продолжении этих отношений

reforms, therefore, that in no respect affect the relations between capital and labour

Таким образом, реформы, которые ни в коей мере не

затрагивают отношений между капиталом и трудом

**at best, such reforms lessen the cost and simplify the
administrative work of Bourgeoisie government**

в лучшем случае такие реформы уменьшают издержки и
упрощают административную работу буржуазного
правительства

**Bourgeois Socialism attains adequate expression, when, and
only when, it becomes a mere figure of speech**

Буржуазный социализм достигает адекватного выражения
тогда и только тогда, когда он становится простой
фигурой речи

Free trade: for the benefit of the working class

Свободная торговля: на благо рабочего класса

Protective duties: for the benefit of the working class

Протекционистские пошлины: в пользу рабочего класса

Prison Reform: for the benefit of the working class

Тюремная реформа: на благо рабочего класса

**This is the last word and the only seriously meant word of
Bourgeoisie Socialism**

Это последнее и единственное серьезное слово
буржуазного социализма

**It is summed up in the phrase: the Bourgeoisie is a
Bourgeoisie for the benefit of the working class**

Она резюмируется фразой: буржуазия есть буржуазия на
благо рабочего класса

Critical-Utopian Socialism and Communism
Критико-утопический социализм и коммунизм

We do not here refer to that literature which has always given voice to the demands of the proletariat
Мы не говорим здесь о той литературе, которая всегда выражала требования пролетариата

this has been present in every great modern revolution, such as the writings of Babeuf and others
Это присутствовало во всех великих революциях Нового времени, таких как труды Бабефа и других

The first direct attempts of the proletariat to attain its own ends necessarily failed
Первые прямые попытки пролетариата достичь своих целей неизбежно потерпели неудачу

these attempts were made in times of universal excitement, when feudal society was being overthrown
Эти попытки предпринимались во времена всеобщего волнения, когда происходило свержение феодального общества

the then undeveloped state of the proletariat led to those attempts failing
Неразвитое в то время состояние пролетариата привело к тому, что эти попытки потерпели неудачу

and they failed due to the absence of the economic conditions for its emancipation
И они потерпели неудачу из-за отсутствия экономических условий для его эмансипации

conditions that had yet to be produced, and could be produced by the impending Bourgeoisie epoch alone
условия, которые еще предстояло создать и которые могли быть созданы одной только надвигающейся эпохой буржуазии

The revolutionary literature that accompanied these first movements of the proletariat had necessarily a reactionary character

Революционная литература, сопровождавшая эти первые
движения пролетариата, неизбежно носила реакционный
характер

**This literature inculcated universal asceticism and social
levelling in its crudest form**

Эта литература насаждала всеобщий аскетизм и
социальную уравниловку в самой грубой форме

**The Socialist and Communist systems, properly so called,
spring into existence in the early undeveloped period**

Социалистическая и коммунистическая системы,
собственно говоря, возникают в ранний неразвитый
период

**Saint-Simon, Fourier, Owen and others, described the
struggle between proletariat and Bourgeoisie (see Section 1)**

Сен-Симон, Фурье, Оуэн и др. описали борьбу между
пролетариатом и буржуазией (см. раздел 1)

**The founders of these systems see, indeed, the class
antagonisms**

Основатели этих систем действительно видят классовые
антагонизмы

**they also see the action of the decomposing elements, in the
prevailing form of society**

Они видят также действие разлагающихся элементов в
господствующей форме общества

**But the proletariat, as yet in its infancy, offers to them the
spectacle of a class without any historical initiative**

Но пролетариат, еще находящийся в зачаточном
состоянии, представляет для них зрелище класса,
лишенного всякой исторической инициативы

**they see the spectacle of a social class without any
independent political movement**

Они видят зрелище социального класса без какого-либо
независимого политического движения

**the development of class antagonism keeps even pace with
the development of industry**

Развитие классового антагонизма идет в ногу с развитием

промышленности

so the economic situation does not as yet offer to them the material conditions for the emancipation of the proletariat

Таким образом, экономическое положение еще не дает им материальных условий для освобождения пролетариата

They therefore search after a new social science, after new social laws, that are to create these conditions

Поэтому они ищут новую общественную науку, новые социальные законы, которые должны создать эти условия

historical action is to yield to their personal inventive action

историческое действие состоит в том, чтобы уступить их личному изобретательскому действию

historically created conditions of emancipation are to yield to fantastic conditions

исторически сложившиеся условия эмансипации должны уступить место фантастическим условиям

and the gradual, spontaneous class-organisation of the proletariat is to yield to the organisation of society

и постепенная, стихийная классовая организация пролетариата должна уступить место организации общества

the organisation of society specially contrived by these inventors

Организация общества, специально придуманная этими изобретателями

Future history resolves itself, in their eyes, into the propaganda and the practical carrying out of their social plans

Будущая история сводится в их глазах к пропаганде и практическому осуществлению их социальных планов

In the formation of their plans they are conscious of caring chiefly for the interests of the working class

При формировании своих планов они сознают, что заботятся главным образом об интересах рабочего класса

Only from the point of view of being the most suffering class does the proletariat exist for them

Только с точки зрения того, что пролетариат является
наиболее страдающим классом, существует для них
только с точки зрения того, что он является наиболее
страдающим классом

**The undeveloped state of the class struggle and their own
surroundings inform their opinions**

Неразвитое состояние классовой борьбы и их собственное
окружение формируют их мнения

**Socialists of this kind consider themselves far superior to all
class antagonisms**

Социалисты такого рода считают себя гораздо выше всех
классовых антагонизмов

**They want to improve the condition of every member of
society, even that of the most favoured**

Они хотят улучшить положение каждого члена общества,
даже самых привилегированных

**Hence, they habitually appeal to society at large, without
distinction of class**

Поэтому они обычно апеллируют к обществу в целом, без
различия классов

**nay, they appeal to society at large by preference to the
ruling class**

Более того, они апеллируют к обществу в целом, отдавая
предпочтение правящему классу

**to them, all it requires is for others to understand their
system**

Для них все, что требуется, это чтобы другие поняли их
систему

**because how can people fail to see that the best possible
plan is for the best possible state of society?**

Потому что как люди могут не видеть, что наилучший
возможный план – это наилучшее возможное состояние
общества?

**Hence, they reject all political, and especially all
revolutionary, action**

Поэтому они отвергают всякое политическое, а тем более

революционное действие
they wish to attain their ends by peaceful means
Они хотят достичь своих целей мирными средствами
they endeavour, by small experiments, which are necessarily doomed to failure
Они пытаются с помощью небольших экспериментов, которые неизбежно обречены на неудачу
and by the force of example they try to pave the way for the new social Gospel
и силой примера они пытаются проложить путь новому социальному Евангелию
Such fantastic pictures of future society, painted at a time when the proletariat is still in a very undeveloped state
Такие фантастические картины будущего общества, нарисованные в то время, когда пролетариат находится еще в очень неразвитом состоянии
and it still has but a fantastical conception of its own position
И она все еще имеет лишь фантастическое представление о своем собственном положении
but their first instinctive yearnings correspond with the yearnings of the proletariat
Но их первые инстинктивные стремления совпадают со стремлениями пролетариата
both yearn for a general reconstruction of society
И те, и другие стремятся к всеобщему переустройству общества
But these Socialist and Communist publications also contain a critical element
Но в этих социалистических и коммунистических изданиях есть и критический элемент
They attack every principle of existing society
Они нападают на все принципы существующего общества
Hence they are full of the most valuable materials for the enlightenment of the working class
Поэтому они полны ценнейших материалов для

просвещения рабочего класса

they propose abolition of the distinction between town and country, and the family

Они предлагают упразднить различие между городом и деревней, а также семьей

the abolition of the carrying on of industries for the account of private individuals

Отмена ведения промышленности за счет частных лиц

and the abolition of the wage system and the proclamation of social harmony

отмена системы наемного труда и провозглашение социальной гармонии

the conversion of the functions of the State into a mere superintendence of production

превращение функций государства в простой надзор за производством

all these proposals, point solely to the disappearance of class antagonisms

Все эти предложения указывают исключительно на исчезновение классовых антагонизмов

class antagonisms were, at that time, only just cropping up

Классовые антагонизмы в то время только зарождались

in these publications these class antagonisms are recognised in their earliest, indistinct and undefined forms only

В этих публикациях эти классовые антагонизмы признаются лишь в самых ранних, неясных и неопределенных формах

These proposals, therefore, are of a purely Utopian character

Поэтому эти предложения носят чисто утопический характер

The significance of Critical-Utopian Socialism and Communism bears an inverse relation to historical development

Значение критико-утопического социализма и коммунизма находится в обратном отношении к историческому развитию

the modern class struggle will develop and continue to take definite shape

Современная классовая борьба будет развиваться и принимать определенные очертания

this fantastic standing from the contest will lose all practical value

Это фантастическое положение в конкурсе потеряет всякую практическую ценность

these fantastic attacks on class antagonisms will lose all theoretical justification

Эти фантастические нападки на классовые антагонизмы потеряют всякое теоретическое обоснование

the originators of these systems were, in many respects, revolutionary

Создатели этих систем были во многих отношениях революционерами

but their disciples have, in every case, formed mere reactionary sects

Но их ученики во всех случаях образовывали просто реакционные секты

They hold tightly to the original views of their masters

Они крепко держатся за первоначальные взгляды своих хозяев

but these views are in opposition to the progressive historical development of the proletariat

Но эти взгляды противоречат прогрессивному историческому развитию пролетариата

They, therefore, endeavour, and that consistently, to deaden the class struggle

Поэтому они стараются, и притом последовательно, заглушить классовую борьбу

and they consistently endeavour to reconcile the class antagonisms

И они последовательно стремятся примирить классовые антагонизмы

They still dream of experimental realisation of their social

Utopias

Они все еще мечтают об экспериментальной реализации
своих социальных утопий

**they still dream of founding isolated "phalansteres" and
establishing "Home Colonies"**

они до сих пор мечтают основать разрозненные
"фаланстеры" и основать "Метрополии"

**they dream of setting up a "Little Icaria"—duodecimo
editions of the New Jerusalem**

они мечтают учредить «Малую Икарию» — duodecimo
издания Нового Иерусалима

and they dream to realise all these castles in the air

И они мечтают реализовать все эти воздушные замки

**they are compelled to appeal to the feelings and purses of
the bourgeois**

Они вынуждены взывать к чувствам и кошелькам буржуа

**By degrees they sink into the category of the reactionary
conservative Socialists depicted above**

Постепенно они опускаются в категорию реакционных
консервативных социалистов, о которых говорилось выше

they differ from these only by more systematic pedantry

Они отличаются от них только более систематической
педантичностью

**and they differ by their fanatical and superstitious belief in
the miraculous effects of their social science**

И они отличаются своей фанатичной и суеверной верой в
чудодейственные эффекты своей социальной науки

**They, therefore, violently oppose all political action on the
part of the working class**

Поэтому они яростно противостоят всякому
политическому выступлению рабочего класса

**such action, according to them, can only result from blind
unbelief in the new Gospel**

такое действие, по их мнению, может быть результатом
только слепого неверия в новое Евангелие

The Owenites in England, and the Fourierists in France,

respectively, oppose the Chartists and the "Réformistes"
Оуэнисты в Англии и фурьеристы во Франции
противостоят соответственно чартистам и реформистам

Position of the Communists in Relation to the Various Existing Opposision Parties

Позиция коммунистов по отношению к различным существующим оппозиционным партиям

Section II has made clear the relations of the Communists to the existing working-class parties

Раздел II разъяснил отношение коммунистов к существующим рабочим партиям

such as the Chartists in England, and the Agrarian Reformers in America

таких, как чартисты в Англии и аграрные реформаторы в Америке

The Communists fight for the attainment of the immediate aims

Коммунисты борются за достижение ближайших целей

they fight for the enforcement of the momentary interests of the working class

Они борются за навязание сиюминутных интересов рабочего класса

but in the political movement of the present, they also represent and take care of the future of that movement

Но в политическом движении настоящего они также представляют и заботятся о будущем этого движения

In France the Communists ally themselves with the Social-Democrats

Во Франции коммунисты объединяются с социал-демократами

and they position themselves against the conservative and radical Bourgeoisie

и они противопоставляют себя консервативной и радикальной буржуазии

however, they reserve the right to take up a critical position in regard to phrases and illusions traditionally handed down from the great Revolution

однако они оставляют за собой право занимать

критическую позицию по отношению к фразам и иллюзиям, традиционно унаследованным от великой революции

In Switzerland they support the Radicals, without losing sight of the fact that this party consists of antagonistic elements

В Швейцарии они поддерживают радикалов, не упуская из виду, что эта партия состоит из антагонистических элементов

partly of Democratic Socialists, in the French sense, partly of radical Bourgeoisie

частью демократических социалистов во французском смысле, частью радикальной буржуазии

In Poland they support the party that insists on an agrarian revolution as the prime condition for national emancipation

В Польше они поддерживают партию, которая настаивает на аграрной революции как на первом условии национального освобождения

that party which fomented the insurrection of Cracow in 1846

та партия, которая разжигала восстание в Кракове в 1846 году

In Germany they fight with the Bourgeoisie whenever it acts in a revolutionary way

В Германии борются с буржуазией всякий раз, когда она действует революционно

against the absolute monarchy, the feudal squirearchy, and the petty Bourgeoisie

против абсолютной монархии, феодальной оруженосности и мелкой буржуазии

But they never cease, for a single instant, to instil into the working class one particular idea

Но они ни на минуту не перестают внушать рабочему классу одну конкретную идею

the clearest possible recognition of the hostile antagonism between Bourgeoisie and proletariat

яснейшее признание враждебного антагонизма между
буржуазией и пролетариатом
**so that the German workers may straightaway use the
weapons at their disposal**
чтобы немецкие рабочие могли немедленно пустить в ход
имеющееся в их распоряжении оружие
**the social and political conditions that the Bourgeoisie must
necessarily introduce along with its supremacy**
социальные и политические условия, которые буржуазия
неизбежно должна ввести вместе со своим господством
the fall of the reactionary classes in Germany is inevitable
падение реакционных классов в Германии неизбежно
**and then the fight against the Bourgeoisie itself may
immediately begin**
и тогда сразу может начаться борьба с самой буржуазией
**The Communists turn their attention chiefly to Germany,
because that country is on the eve of a Bourgeoisie
revolution**
Коммунисты обращают свое внимание главным образом
на Германию, потому что эта страна стоит накануне
буржуазной революции
**a revolution that is bound to be carried out under more
advanced conditions of European civilisation**
революцию, которая должна быть совершена в более
развитых условиях европейской цивилизации
**and it is bound to be carried out with a much more
developed proletariat**
И она неизбежно будет осуществлена с гораздо более
развитым пролетариатом
**a proletariat more advanced than that of England was in the
seventeenth, and of France in the eighteenth century**
В XVII веке пролетариат был более передовым, чем в
Англии, а в XVIII веке — во Франции
**and because the Bourgeoisie revolution in Germany will be
but the prelude to an immediately following proletarian
revolution**

и потому, что буржуазная революция в Германии будет лишь прелюдией к непосредственно следующей за ней пролетарской революции

In short, the Communists everywhere support every revolutionary movement against the existing social and political order of things

Короче говоря, коммунисты повсюду поддерживают всякое революционное движение против существующего общественного и политического порядка вещей

In all these movements they bring to the front, as the leading question in each, the property question

Во всех этих движениях они выдвигают, как ведущий вопрос в каждом, вопрос о собственности

no matter what its degree of development is in that country at the time

Независимо от того, какова степень ее развития в этой стране в данный момент

Finally, they labour everywhere for the union and agreement of the democratic parties of all countries

Наконец, они повсюду борются за объединение и согласие демократических партий всех стран

The Communists disdain to conceal their views and aims

Коммунисты не стесняются скрывать свои взгляды и цели

They openly declare that their ends can be attained only by the forcible overthrow of all existing social conditions

Они открыто заявляют, что их цели могут быть достигнуты только насильственным ниспровержением всех существующих общественных строев

Let the ruling classes tremble at a Communistic revolution

Пусть господствующие классы трепещут перед коммунистической революцией

The proletarians have nothing to lose but their chains

Пролетариям нечего терять, кроме своих цепей

They have a world to win

У них есть мир, который нужно победить

WORKING MEN OF ALL COUNTRIES, UNITE!
ПРОЛЕТАРИИ ВСЕХ СТРАН, СОЕДИНЯЙТЕСЬ!